UNION
DU CAPITAL ET DU TRAVAIL

ASSOCIATION COOPÉRATIVE DE CONSOMMATION, DE PRODUCTION,
DE CRÉDIT, DE SECOURS ET D'ENCOURAGEMENT

PAR

J. C. ROCHARD

ANCIEN PRÉSIDENT DU CONSEIL D'ADMINISTRATION DE LA SOCIÉTÉ ANONYME :
Le Crédit mutuel et populaire de Paris.

> Ceux qui n'échappent à la misère qu'au prix du labeur de leurs mains, sont souverainement dignes de l'assistance de leurs semblables.
>
> Il faut donc leur venir en aide avec une grande bonté, et leur ouvrir les rangs d'associations honnêtes.
>
> (LÉON XIII, *Lettre encyc.* 10 av. 1884.

PARIS
LIBRAIRIE DE L'ŒUVRE DE SAINT-PAUL
6, RUE CASSETTE, 6

1884

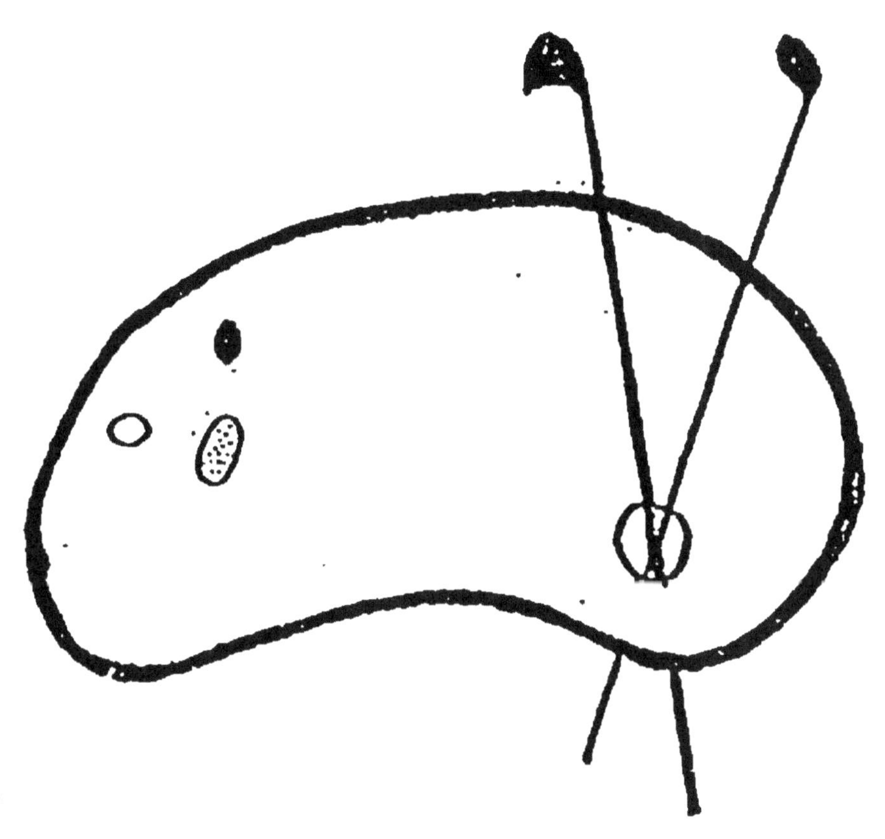

FIN D'UNE SERIE DE DOCUMENTS
EN COULEUR

UNION

DU CAPITAL ET DU TRAVAIL

ASSOCIATION COOPÉRATIVE DE CONSOMMATION, DE PRODUCTION, DE CRÉDIT, DE SECOURS ET D'ENCOURAGEMENT

PAR

J. C. ROCHARD

ANCIEN PRÉSIDENT DU CONSEIL D'ADMINISTRATION DE LA SOCIÉTÉ ANONYME :
Le Crédit mutuel et populaire de Paris.

> Ceux qui n'échappent à la misère qu'au prix du labeur de leurs mains, sont souverainement dignes de l'assistance de leurs semblables.
> Il faut donc leur venir en aide avec une grande bonté, et leur ouvrir les rangs d'associations honnêtes.
> (LÉON XIII, *Lettre encyc.* 10 av. 1884.

PARIS

LIBRAIRIE DE L'ŒUVRE DE SAINT-PAUL

6, RUE CASSETTE, 6

1884

moyen pratique d'union à opposer à l'action
délétère de la franc maçonnerie

hommage respectueux de l'auteur

UNION DU CAPITAL ET DU TRAVAIL

> Le découragement étant interdit à tous ceux qui servent la cause de Dieu, l'excès du mal ne peut leur inspirer qu'un redoublement d'ardeur et de générosité.
>
> (*Mandement de S. Ém. le Card. Arch. de Paris, Carême de* 1884.)

I

En prenant l'initiative de cet appel au patriotisme et à la charité de nos concitoyens, nous agissons en homme convaincu. Mais, quelle que soit notre conviction, nous ne sommes pas moins pour eux un inconnu sans autorité aucune; aussi, en nous décidant à publier cette causerie, née dans le cercle étroit de notre intimité, nous ne poursuivons qu'un but : attirer leur attention sur un moyen pratique de venir en aide à beaucoup d'isolés qui souffrent faute de travail, faute de crédit, faute, surtout, de rencontrer, sur leur route, des cœurs amis heureux de s'occuper de leurs besoins les plus légitimes.

Pour nous donner du courage, nous nous disons : Qu'importe la voix qui parle! Si cette voix parle en faveur d'une cause juste, elle sera nécessairement entendue tôt ou tard.

Voilà pourquoi nous venons faire cet appel à tous les hommes de bonne volonté, à ceux surtout qui savent faire le signe de la croix.

Nous disons : à ceux surtout qui savent faire le signe de la croix, parce que ceux-là trouvent non seulement dans leur cœur le désir d'être utiles à ceux qui souffrent, mais trouvent en outre dans l'enseignement de leur religion, dans la pratique de la sainte communion, le devoir de pratiquer cette divine loi d'amour qui a nom : Charité. Loi si bien définie par ces belles paroles de saint Augustin : « *Occidere errorem, diligere errantem.* » Parce qu'ils y trouvent, encore, le devoir de l'abnégation, indispensable pour la pratique de la charité.

En parlant de la charité, notre pensée se reporte à cette interruption faite, il y a peu de jours, à la Chambre des députés par l'un de ses membres, démocrate et libre-penseur, très sincère dans sa foi politique, et dans sa foi philosophique; interruption qui prouve combien de nos jours cette première des vertus chrétiennes est peu connue, surtout chez les libres-penseurs qui la repoussent. Monseigneur d'Angers parlait, comme doit parler un chrétien, de la crise ouvrière, commerciale et industrielle que nous traversons : « Il faut, dit l'interrupteur, remplacer la *Charité* par la *Justice!.....* »

Or, la justice, personne ne l'ignore, c'est l'obligation pour tous de respecter les droits que chacun tient de la loi. La charité, non seulement impose à tous, envers tous, ce même respect; mais en outre elle fait un *devoir* et un *devoir étroit,* surtout pour les puissants par la fortune, le savoir ou l'autorité, de renoncer à tels ou tels droits qu'ils tiennent de la loi, pour venir en aide aux plus faibles, aux plus pauvres, aux plus ignorants; — comme, par exemple, de renoncer au droit de garder pour eux tout ce qu'ils possèdent, d'en disposer suivant leur bon plaisir, pourvu seulement qu'ils en usent sans porter atteinte à l'ordre public.

En quoi le peuple, cette masse de citoyens où il se trouve, et où, quoi qu'on dise, quoi qu'on fasse, il se trouvera toujours plus d'ignorants que de savants, plus de pauvres que de riches, plus de faibles que de puissants, en quoi, disons-nous, le peuple trouverait-il un avantage à ce que la justice soit mise à la place de la charité, soit dans nos lois, soit dans nos mœurs?

Déjà, ce nous semble, nous n'avons que trop marché dans

cette voie, puisqu'à l'heure présente tout ce que veut la loi n'est pas juste, est même parfois inique [1]. — C'est que la loi humaine, édictée en dehors de l'esprit de charité, n'est plus que la loi du plus fort, — ou la loi des plus forts, ce qui est encore plus malheureux pour les faibles, c'est-à-dire pour le peuple.

Alors, en effet, l'arbitraire et la tyrannie du pouvoir exécutif deviennent d'autant plus grands, qu'ils sont anonymes et sans responsabilité personnelle.

Il y a tant et tant d'excellentes raisons à donner pour prouver la supériorité de la charité sur la justice, au point de vue individuel comme au point de vue social, que, malgré nous, dès notre début, nous nous sommes laissé entraîner loin de notre sujet.

Nous y revenons.

Le moyen pratique que nous préconisons pour venir immédiatement et efficacement en aide à beaucoup de ceux qui, dans leur isolement, souffrent, faute de travail ou de crédit, n'est point un moyen nouveau. En effet, sa base est dans l'association, cette clef de voûte de tout l'édifice social, aussi ancien que l'édifice est ancien. — Même dans sa forme, l'association dont nous venons démontrer les heureux effets, a déjà été adoptée ; mais toujours partiellement, et seulement pour quelques-uns.

Nous ne demandons donc que la généralisation d'une idée pratique qui a fait ses preuves, chez nous, et autour de nous.

Appliquée comme nous la comprenons, cette association a l'avantage de réaliser l'UNION DU CAPITAL ET DU TRAVAIL, union qui préoccupe tant de bons esprits, sans grand succès jusqu'à ce jour.

Elle a l'avantage de réaliser cette union, non seulement

[1] Tous les jours nous entendons dire par les légistes les mieux posés : Oui, vos prétentions sont tout ce qu'il y a de plus juste, de plus équitable, mais... la Loi les condamne.....

La Loi contraire à la justice, contraire à l'équité! Etonnez-vous donc que tant de gens cherchent à éviter son application.

en sauvegardant les intérêts matériels des coopérants, mais encore en lui donnant l'unique base sur laquelle elle puisse reposer d'une manière durable : la véritable fraternité, c'est-à-dire la charité chrétienne.

Là s'honorent, en même temps, celui qui tend une main amie à plus petit que lui, attendu qu'en agissant ainsi il fait son devoir ; celui qui accepte cette main amie, attendu qu'en l'acceptant, il contracte, par cela même, l'obligation de tendre lui aussi sa main à plus petit que lui, dès qu'il le pourra faire.

Sur cette base, seulement, peut être assuré le succès de cette Union si désirée et si désirable ; et de toutes les assotions, celle qui répond le mieux aux exigences de cette même base, c'est incontestablement l'Association coopérative, *organisée de manière à répondre, le plus complètement possible, aux besoins matériels et aux besoins moraux des coopérants ;* c'est-à-dire, une Association coopérative embrassant en même temps : *la production, la consommation, les secours, les primes, l'enseignement, le crédit, même le crédit personnel*, qui intéresse à un aussi haut degré l'homme de travail, qui n'a pour toute fortune que ses bras, son savoir, sa probité.

Cet appel auquel nous nous décidons aujourd'hui, nous a surtout été suggéré par les tristes observations que nous avons pu faire pendant notre séjour, du 21 octobre au 5 novembre 1880 [1], chez les RR. PP. Rédemptoristes du boulevard de Ménilmontant.

Là, nous nous trouvions placé vis-à-vis de la plus grande nécropole de Paris, au centre de cette population ouvrière, si nombreuse dans ce quartier et les quartiers voisins ; population si pauvre, et où on trouve tant d'honnêtes gens.

Un peu plus loin, était la grande ville avec son luxe, ses plaisirs, ses jouissances, ses enivrements ; dont usent et abusent, à qui mieux mieux, tant et tant de bras-

[1] A l'occasion de la mise à exécution des fameuses lois existantes.

seurs d'affaires courant après la fortune, tant et tant d'oisifs dissipant la leur.....

Et nous nous disions : Heureux ceux qui souffrent, ils seront consolés ! — Malheur aux riches qui ne pensent pas aux misères qui les entourent ; prions pour les uns et pour les autres. — Pour les pauvres, afin qu'ils puissent, dès cette vie, croire en cette divine consolation ; pour les riches, afin qu'ils se souviennent que ces paroles : « Malheur aux riches, » ont été dites par Celui qui renverse les puissants et qui élève les humbles.

C'est que sans cette foi, le pauvre ne peut avoir pour le riche qui s'amuse, que de l'envie, sinon de la haine ; et pour Dieu, qu'indifférence, négation, blasphème. — C'est que, sans cette foi, le riche par le pouvoir, la science, l'argent, ne peut penser, avant tout, qu'à ses plaisirs, à sa satisfaction personnelle ; l'idée qu'il existe des misérables lui est pénible, et il la chasse loin de lui.

Or, parmi ces pauvres que nous rencontrons si souvent sur notre chemin, combien en est-il qui ne pensent jamais à Dieu !... Heureusement qu'il en est encore qui pensent à lui, le prient, et trouvent dans la prière la résignation et l'espérance.

Parmi ces riches, combien en est-il qui, non seulement ne recherchent pas Dieu, mais qui en rient dès que son nom est prononcé devant eux avec respect !... Heureusement qu'il en est encore un bon nombre qui pensent à Dieu, et savent le prier avec fruit ; qui savent l'aimer, et aimer leur prochain.

S'il n'en était pas ainsi, si nous n'avions pas encore des justes, des humbles parmi nous, notre pays ne serait pas seulement troublé, — il ne serait plus.

Mais le trouble social dans lequel nous vivons n'en est pas moins immense.

Tous nos partis politiques sentent très bien et reconnaissent sincèrement qu'il faut sortir au plus tôt de cette situation très ébranlée au point de vue social, comme au point de vue politique.

Pour sortir de cette situation, tous reconnaissent et proclament la nécessité de l'Union.

Les uns la demandent à la Liberté, les autres à l'Autorité.

Ceux qui la demandent à la Liberté, paraissent persuadés qu'une République seule peut nous la donner ; mais, hélas ! ils ne peuvent même pas s'entendre sur ce que doit être cette République! Pour le moment, on ne compte pas moins de seize partis républicains :

Républicains modérés,
id. centre droit,
id. centre gauche,
id. opportunistes,
id. radicaux,
id. libéraux radicaux,
id. intransigeants,
id. anti-cléricaux,
id. socialistes,
id. socialistes révolutionnaires,
id. possibilistes,
id. autonomistes,
id. anarchistes,
id. du parti ouvrier,
id. radicaux progressistes,
id. progressistes rationalistes.

Ceux qui la demandent à l'Autorité, paraissent non moins convaincus que nous ne pouvons trouver cette Autorité qu'en rappelant au gouvernement du pays la Royauté traditionnelle ou l'Empire; que là, et là seulement, est le salut de la France, l'autorité nécessaire pour assurer ce salut.

Il est cependant facile de se convaincre que la forme d'un gouvernement n'a jamais été la base nécessaire pour fonder et maintenir l'Union sociale, c'est-à-dire l'alliance intime de la liberté et de l'autorité. L'histoire nous montre, en effet, là, des royautés sous lesquelles l'ordre public comme la liberté de chacun, sont mieux assurés que sous telles ou telles républiques ; — là, des républiques où l'autorité du pouvoir, et la liberté de chacun, sont mieux respectées que sous telles ou telles royautés.

Non, c'est l'évidence même, là n'est point la base nécessaire de l'Union de la liberté et de l'autorité, dont le degré d'intimité est le critérium de l'ordre social.

Si cette base, nécessaire aux yeux de tous, n'est pas là, où donc est-elle ? — L'homme intelligent, libre et sociable par nature, doit chercher et trouver cette base ; ses devoirs de citoyen, aussi bien que ses intérêts comme individu, lui imposent ce devoir, et il faut qu'il y satisfasse sous peine d'enrayer lui-même le développement naturel de ses propres facultés, celui de sa famille, celui de son pays.

Pour nous catholiques, cette base nécessaire de la Liberté et de l'Autorité, dont l'union seule peut assurer l'ordre social, est Une : Elle se trouve dans l'*Union intime de l'Église et du Pouvoir civil.*

Le catholicisme est la seule religion qui proclame, comme base sociale nécessaire, cette union intime qui donne à Dieu ce qui est à Dieu, et à César ce qui est à César. Toutes les autres religions et aussi toutes les écoles philosophiques, qui toutes sacrifient plus ou moins au Rationalisme, n'ont qu'une fausse conception de cette Union intime.

Toutes, en effet, subordonnent, plus ou moins, la société à l'État. Or, dans cette voie, il n'y a pas de limites ; aussi, combien en est-il, parmi ceux qui s'y engagent, qui vont jusqu'à imposer au peuple une centralisation omnipotente que l'État seul dirige : là sous le titre de Roi, là sous le titre d'Empereur, là sous le titre de République. Mais, peu importe le nom donné à ce pouvoir exécutif, né dans un tel centre, inspiré par une telle doctrine, il n'en devient pas moins le dispensateur unique des faveurs et des grâces, l'unique maître du pays, devant lequel tous doivent s'incliner.

Alors, l'Autorité qui seule commande, c'est le gouvernement;

le Droit, c'est lui qui le fait par ses lois;

la Religion, c'est lui qui en limite les pouvoirs ;
la Science, à lui de l'enseigner, et d'entraver tout autre enseignement que le sien ;
l'Aumône, à lui de la faire, par des agents plus ou moins grassement payés sur le budget des pauvres.
Lui, toujours lui, rien que lui.

Avec le rationalisme, qui inspire, plus ou moins, toutes ces religions et toutes ces écoles, cette voie est des plus logiques ; mais, pour les sociétés qui la suivent, il n'est qu'un résultat possible :

l'Athéisme, en religion ;
l'Anarchie, en politique ;
la Force, comme seul moyen de direction.

C'est fatal, du moment que l'union intime de l'Église et de l'État n'existe plus ; l'histoire de l'humanité en est une preuve vivante et continue.

C'est que dans cette union même est la base nécessaire du *Droit, dont la Force est la négation ; du droit, sans lequel il n'est pas de devoir* ; *du droit, sans lequel la vie sociale n'est plus possible.* — Et le droit une fois disparu, il est bien évident que le peuple ne peut plus être que le serviteur de la force, de la force dissimulée sous divers noms et sous des formes variées, mais qui n'en est pas moins la force, c'est-à-dire : du côté du pouvoir, l'arbitraire, le bon plaisir, la tyrannie ; du côté du peuple, la servitude sous toutes les formes, cachée sous tous les noms, même sous ceux de Liberté, d'Égalité, de Fraternité !... de Peuple souverain ! !...

Cette union nécessaire de l'Église et de l'État, cette base unique de l'ordre et du progrès social repousse l'idée de domination de la part de l'une de ces deux puissances, sur l'autre. Elle exige pour chacune, pleine liberté d'action sur le terrain qui lui est propre. — A l'Église le dogme, et la morale qui en découle ; à l'Église donc l'enseignement du dogme et de la morale. — Au pouvoir civil la réglementation et la direction de tous les intérêts sociaux, à la seule condition de respecter, dans ses lois et ses institutions, le dogme et la morale enseignés par l'Église.

Voilà pour les catholiques, l'idéal social à poursuivre jusqu'à complète réalisation, sous n'importe quelle forme de gouvernement, puisque l'Église n'en repousse aucune, même alors qu'elle affirme que tout pouvoir vient de Dieu.

Oui, « NON EST POTESTAS, NISI A DEO, » *donc tout pouvoir est légitime, qui s'exerce conformément à la loi de Dieu. Là seulement*, dans l'observation de la loi de Dieu, *est le criterium de sa légitimité, la garantie de sa durée.*

Parcourez l'histoire de notre France, et il vous faudra bien reconnaître que plus nos lois ont été respectueuses de la morale qu'imposent les dogmes enseignés par l'Église catholique, plus les représentants de l'autorité civile ont conformé leur vie privée et politique à cette même morale, mieux le pays a été gouverné, au grand avantage de l'intérêt public, c'est-à-dire de la nation entière; — mais il vous faudra bien reconnaître aussi combien ces jours d'union ont été rares.

Aujourd'hui, les hommes qui ont le pouvoir en mains sont généralement dépourvus de croyances religieuses, et ne relèvent que de leur propre raison. Ils sont les premiers à le dire, et même à s'en vanter.

Il est non moins évident qu'ils nous donnent, chaque jour, une preuve nouvelle que les rationalistes ne peuvent engendrer que divisions sur divisions, désordres sur désordres, en religion, en morale, comme en science sociale et en science politique. Aussi, cette union qu'ils voudraient donner pour base à leur gouvernement; cette union si nécessaire, qu'ils réclament et recommandent chaque jour comme pouvant seule faire la force d'un peuple libre; cette union que ne remplaceront jamais, avec chance de durée, ni prisons, ni gendarmes, ni fusils, ni canons; ils la demandent à la Raison pure, *à ce qui est la diversité par essence.* — Donc, ils ne l'auront jamais; il y a longtemps qu'il a été dit : *Tot capita tot sensus.*

En attendant, la réalisation de cette Union tant désirée, tant recommandée, tant recherchée, si nécessaire aux pauvres comme aux riches, aux savants comme aux ignorants, aux puissants comme aux faibles, à l'ordre social enfin, reste à l'état d'aspiration. La religion est bafouée, de plus en plus méprisée par les hommes de gouvernement, qui croient trouver là une force puissante en faveur de leur autorité, comme si un peuple qui refuse à Dieu respect et soumission, pouvait respecter des hommes et se soumettre à leur propre volonté. — Aussi, de jour en jour, le pouvoir civil devient de plus en plus incertain dans ses vues, comme dans ses moyens ; comme conséquence logique, il devient de plus en plus instable, de plus en plus discuté. C'est à peine si ses représentants restent assez de jours au pouvoir pour avoir le temps de détruire les lois et règlements faits par leurs prédécesseurs de la veille; de frapper de leurs foudres vengeresses leurs propres ennemis, c'est-à-dire : *ceux dont la Raison contredit leur Raison.*

Dans cette voie, qui est incontestablement celle de nos gouvernants, même depuis longues années, bien qu'à des degrés divers, le catholicisme devient évidemment gênant pour eux ; ils sont bien obligés de reconnaître qu'ils trouvent en lui la condamnation absolue de ce qu'ils nomment leurs principes.

Les uns, se préoccupant peu de leurs inconséquences, font tout leur possible pour vivre en paix avec la foi catholique, et avec le Rationalisme [1] ; les autres, plus conséquents avec leurs principes philosophiques, s'écrient en parlant du christianisme : Là est l'ennemi ! — Les uns et les autres ne peuvent que démoraliser le pays ; de plus, en parlant comme ils le font, les derniers donnent au monde une preuve irrécusable : ou bien, de leur ignorance des dogmes et de la morale catholiques; ou bien, de leur mauvaise foi. Ce qui

[1] Il nous serait facile de citer des noms propres, nous préférons nous borner à constater le fait, nous souvenant de cette belle pensée de saint Augustin : « *Occidere errorem, diligere errantem.* »

est triste à dire, ce qui même est une honte nationale, quand on pense à l'influence de ces diseurs sur le suffrage universel !...

En effet, le catholicisme [1], sous peine de n'être plus, ce qui est impossible, ne peut être l'ennemi de personne, pas même des rationalistes qui nient le Dieu qu'il affirme ; encore moins peut-il être l'ennemi des républicains, qui, peuvent très bien aimer Dieu et la République ; — mais il est par essence l'ennemi de toutes les fausses doctrines, c'est-à-dire de toutes celles qui sont contraires à son dogme et à sa morale ; dogme et morale qu'il a mission d'enseigner avec garantie d'infaillibilité. — Ces fausses doctrines, il est du devoir étroit des catholiques de les combattre partout et toujours, dans leur vie publique, comme dans leur vie privée : *Nihil vi, omnia suadendo,* sous peine de manquer à leur devoir et d'en être sévèrement punis.

C'est là ce que les catholiques ont souvent oublié ; aussi en ont-ils été souvent et sévèrement punis.

C'est là ce qui a fait dire à un pieux prélat romain : « Nous sommes châtiés non parce que nous sommes catholiques, mais parce que nous ne sommes pas assez catholiques. » — Parole profonde, encore incomprise par un grand nombre d'hommes se disant et se croyant catholiques.

Mais, voyez jusqu'où va la bénédiction de Dieu pour son Église : les fautes de ses disciples sont toujours suivies de persécutions frappant coupables et innocents..... Eh bien, rien ne donne plus de puissance à l'Église que la persécution de ses enfants, surtout celle qui tombe sur les justes. C'est que dans la douleur, beaucoup mieux que dans la prospérité, l'homme sait élever son cœur vers Dieu, dont la bénédiction ne fait jamais défaut au repentir.

[1] Pour nous christianisme et catholicisme ne font qu'un, puisque le monde ne connaît le Christ que par l'enseignement séculaire de l'Evangile conservé par l'Eglise catholique. D'où la conséquence, pour la Raison, comme pour la Foi, que, hors l'Eglise, il n'y a plus que des libres-penseurs plus ou moins émancipés ; les uns baptisés, les autres non.

A l'heure présente, le Rationalisme est tout-puissant en France, et il persécute le Catholicisme dans son enseignement, dans ses institutions, dans ses cérémonies religieuses, dans ses prêtres, et dans ses membres laïcs. Compressions, amendes, prisons, destitutions, disgrâces de tous genres, sont ses moyens de guerre; il affirme que jamais il n'ira au delà, certain qu'il est que ces mesures suffiront pour réduire les quelques fanatiques assez fous pour oser lui faire obstacle.

Qui parle ainsi? Les Rationalistes au pouvoir, l'État, par la parole ou par la plume de ses représentants : ministres, députés, sénateurs, journalistes, etc..... Mais ce langage est-il aussi tenu par ceux qui ont porté au pouvoir ces hommes qui paraissent si certains d'arrêter, là où ils le veulent, ce courant qu'ils ont été les premiers à provoquer, courant auquel ils doivent leur position, et sans lequel ils ne peuvent rien? Non, ce langage est démenti, au contraire, par les masses qui forment ce même courant politique qui a fait le pouvoir exécutif actuel, et la position présente de tous ses amis politiques. — Ces masses ou couches nouvelles, comme les désignent, non leurs amis, mais ceux qui s'en servent pour leur propre élévation, continuent très logiquement leur marche en avant. Marche commencée sous l'impulsion des *Arrivés*, et que pressent à qui mieux mieux le grand nombre des *Non-Arrivés*.

Or, ces derniers qui, au fond, pensent absolument comme leurs devanciers, ont le même point de départ et le même but, sont d'autant plus actifs que leur ambition est d'autant moins satisfaite. — De leur côté les masses ainsi travaillées, ainsi surexcitées, deviennent de plus en plus exigeantes; d'autant plus exigeantes que plus souvent et plus longtemps, toutes les promesses de bien-être, de droits sociaux et politiques, d'honneurs et de fortune qui leur ont été faites, se sont moins réalisées. Dans leur logique, fruit de l'expérience, de leurs déceptions et de leurs misères, elles n'en sont plus à *désirer* fortune et pouvoir : elles les EXIGENT.

Elles veulent les prendre là où ils se trouvent ! C'est leur bien !... et qui y touche est pour elles un voleur, auquel il faut courir sus. Dans leurs assemblées publiques, tel est leur langage de chaque jour.

C'est à des masses ainsi montées, que les hommes qui ont aujourd'hui le Pouvoir ont la prétention de dire : Halte là ! — après leur avoir dit si longtemps : En avant !...

Pourquoi donc ce changement de la part de ces messieurs ? Par leurs mains ils ont allumé le feu révolutionnaire, ils ont soufflé dessus de toutes leurs forces, et fait souffler dessus par ces mêmes masses ! Et ils ne veulent pas que ce feu flambe, parce qu'il commence à les brûler.

Quelle logique ! quelle puissance de raison ! !...

Eh bien, non ! les masses, plus logiques que leurs maîtres, voient clairement que, dans la bouche de ces derniers, ces mots retentissants dont on leur a tant parlé : Liberté ! Égalité ! Fraternité !... ne sont que de *vieilles guitares,* selon l'expression de l'un de leurs maîtres ; et elles veulent souffler ce feu plus que jamais, dût-il amener l'effondrement social ! Que leur importe cet effondrement, s'il peut les conduire à la fortune, et aux honneurs, qui leur sont dus. Qui leur sont dus, d'après le propre langage des hommes auxquels elles ont fait, à qui mieux mieux, la courte échelle pour escalader le Pouvoir ; auxquels elles ont si longtemps obéi, et qu'aujourd'hui elles veulent brûler, parce qu'ils renient leurs anciennes promesses.

Ah ! Messieurs, vous avez semé les idées dont les conséquences sont logiquement tirées par vos élèves ; quelles idées autres, quelles idées supérieures à celles que vous n'avez cessé de leur enseigner, avez-vous donc à opposer à leur logique, à leur raison souveraine ?

Ils sont rationalistes.

Vous êtes rationalistes.

Ils veulent suivre le chemin que leur raison leur indique comme étant le meilleur à suivre.

Vous, vous voulez les forcer à prendre le chemin que votre raison préfère ! En cela, impossible de le méconnaître, vous violez vos principes, dont le premier, clef de voûte de la théorie de la libre-pensée, affirme que l'homme ne relève que de sa raison.

Aussi, pour imposer ce que veut votre raison, à la raison de ces masses dont vous avez fait l'éducation rationaliste; dont la raison souveraine repousse ce que voudrait votre raison ni plus, ni moins, souveraine, vous augmentez le nombre de vos canons, de vos gendarmes ; vous bâtissez des prisons, vous édictez de nouvelles lois répressives, etc...

C'est très logique au point de vue de votre raison; mais, au point de vue actuel de la raison de ces masses que vous avez formées, et qui vous ont fait ce que vous êtes, ce sont là de coupables atteintes à la Liberté, à l'Égalité, à la Fraternité auxquelles elles aspirent; ce dont vous vous riez aujourd'hui.

Rappelez-vous ce qu'a dit, avec parfaite raison, l'un des vôtres: « On ne tire pas de coups de fusil aux idées, » — Jetées dans le monde, il faut qu'elles marchent, se développent, et produisent leurs fruits. Fausses, elles produisent le désordre ; et, alors, plus elles ont d'adeptes, plus ce désordre est grand.

C'est fatal, et contre ces conséquences vous ne pouvez rien, absolument Rien!

Or, le désordre est grand, et vous qui y avez poussé le peuple, vous ne pouvez rien contre ce désordre, ni contre ce peuple qui est le nombre, c'est-à-dire la Force, la dernière raison du rationalisme.

Vous avez renié Dieu, sa miséricorde et sa puissance, le culte qui lui est dû, l'obéissance due à sa loi révélée. Il vous faut marcher en conséquence de ces négations, tant que sur le sol de la France il se trouvera une seule croix encore debout; ou faire place à ceux qui, plus logiques que vous, veulent renverser cette dernière croix. Vous avez dit à satiété: Mort à l'infâme [1]! Il faut que le christianisme

[1] Profession de foi de Voltaire et des Voltairiens, de tout bon Franc-Maçon.

disparaisse, traîné dans la boue, pour qu'il ne puisse plus renaître [1] ! Là est l'ennemi [2] !

Contre les conséquences d'un tel enseignement, vous ne pouvez rien, absolument Rien.

La lutte que vous engagez vous emportera.

Le contraire est impossible.

Voilà où nous en sommes, bien aveugle qui ne le voit pas.

II

Oui, nous en sommes là... Mais pour sortir d'une si triste situation, il ne suffit pas de savoir qu'on y est plongé, il faut aussi savoir pourquoi on y est plongé.

Pourquoi en sommes-nous là ?

C'est ce que doit chercher tout bon citoyen.

C'est ce que doit savoir tout bon chrétien.

Pourquoi en sommes-nous là ; par qui avons-nous été jetés dans un tel désordre ?

Faut-il donc frapper à deux portes pour trouver en même temps, et les coupables, et la cause d'un si déplorable désordre ?

Classes dirigeantes, répondez :

Vous aviez en mains : la science, la fortune, l'autorité, par cela même vous deviez au peuple l'exemple du dévouement, car vous vous disiez catholiques. Le lui avez-vous donné ?

Non !

Aveuglés par la vanité, par l'orgueil, par l'égoïsme, par l'amour du plaisir, sentiments qui n'ont rien de chrétien,

[1] Propres expressions d'Edgar Quinet, l'un de vos grands prêtres. (Préface des Œuvres de Marnix de Sainte-Aldegonde.)

[2] Propos de ce jeune *fou furieux*, auquel, dans votre folie, vous élevez des statues, comme à un bienfaiteur de l'humanité.

mais qui naissent tout naturellement sur la voie du rationalisme, au lieu de vous montrer les fidèles serviteurs de l'État, ayant alors pour chef le Roi, vous vous en êtes faits les courtisans intéressés, les valets complaisants, à la honte et du Roi et de vous-mêmes ; jusqu'à implanter dans Versailles les mœurs de Stamboul, comme vous l'a reproché un jour, du haut de la chaire chrétienne, l'un de nos plus éloquents prédicateurs. Ce qui est plus grave encore, tout en vous inclinant devant la Croix, ce divin signe du salut qui commande aux croyants l'amour de Dieu et du prochain, vous n'avez cessé de donner l'exemple d'un orgueil sans borne envers les petits, et d'une bassesse sans limite envers les grands ; en un mot, vous n'avez été pour la Croix que d'hypocrites adorateurs, de sacrilèges contempteurs.

Pourvus largement de tous les moyens voulus pour assurer l'ordre social, vous nous avez donné : la Révolution !...

Voilà les premiers, et les plus grands coupables.

Voilà pourquoi le mal venant de si haut, nous sommes tombés si bas !.....

Sans doute, il s'est trouvé parmi vous de nobles cœurs ! — Mais, hélas ! ils ont été les premières victimes des désordres provoqués par vos débordements !...

Malgré tant et tant de défaillances, d'autant plus malheureuses qu'elles sont venues de ceux-là mêmes qui devaient nous donner l'exemple du devoir, voyez la puissance du divin symbole de la Croix ! — Respecté par le peuple, alors qu'il était renié chaque jour par les plus grands parmi les classes dirigeantes : puissants, riches, savants, il a suffi de ce respect des humbles pour faire de la France, pendant des siècles, la fille aînée de l'Église ; il a suffi de ce respect des humbles, malgré les horribles violences de 93, pour conserver à la France sa foi chrétienne. C'est que la Croix est le flambeau le plus puissant pour éclairer le monde.

Malheur aux hommes ! malheur aux peuples qui la repoussent !

Depuis 1789, les classes dirigeantes nouvelles ont

généralement suivi la voie tracée par les courtisans du pouvoir tombé, et progressivement sont arrivées au but fatal où cette voie conduit.

Elles ont été vaines de leurs succès, despotes envers qui n'était pas des leurs, souples et serviles envers le Pouvoir, qu'il fût personnifié par Robespierre, par le Directoire, ou par Napoléon Ier, etc.....

A toutes ces époques, l'autorité fut pour elles, non un ensemble de devoirs que l'on ne déserte jamais en vain, mais une riche source d'honneurs et de richesses à exploiter à leur profit, et au profit des leurs.

Après avoir renié Dieu, abandonnées de Dieu, il n'y a pas de contradictions auxquelles elles ne se soient livrées. — Après avoir chassé ou tué les prêtres et les religieux, après avoir transformé les églises en écuries, les couvents en prisons ou en casernes, un beau jour, celui qui avait été aux premiers rangs des fondateurs de Républiques, se fit empereur, et roi! fit barons, comtes, ducs, princes et... rois, ces fougueux citoyens qui avaient le mieux renié Dieu, et l'Église instituée de lui.

Puis, ces mêmes classes dirigeantes, jugeant bon, comme moyen de gouvernement, d'avoir un clergé dévoué, rouvrirent les églises, relevèrent la Croix, et exigèrent que la religion fût respectée, extérieurement du moins.

Depuis lors jusqu'à nos jours, rien n'a été sérieusement changé dans le rôle joué par nos classes dirigeantes. Jamais les principes sociaux découlant logiquement du symbole de la Croix, n'ont été appliqués, pas même compris par cette longue succession de satisfaits. — Sans principes religieux solides, ils ont été ballottés par tous les vents philosophiques, et les courants politiques; — se disant catholiques, sous prétexte de liberté religieuse, ils nous ont donné cet étrange spectacle, *de magistrats juifs* rendant leurs arrêts *au nom du Crucifié;* ayant au-dessus d'eux ou devant eux, la Croix! — royalistes, beaucoup de leurs membres se sont complu à se dire libéraux, quand ils n'étaient au fond que des libres-penseurs, des révolutionnaires autoritaires, la pire espèce de despotes qu'un peuple puisse subir.

Aujourd'hui, les fils de ces hommes à contradictions si étranges, devenus les maîtres du pouvoir et fatalement poussés par la logique des principes paternels, en sont arrivés à faire sérieusement une nouvelle application de ces mêmes principes.

Seulement, comment faire?

Faut-il brusquer les événements?

Faut-il marcher pas à pas?

Là, est la principale question qui les divise.

Mais, tous rationalistes, ils ne peuvent échapper aux conséquences logiques de leurs idées fondamentales; et fatalement, jusqu'à ce que le sens commun du pays s'éveille, il faut qu'ils marchent sans s'arrêter : en politique, jusqu'à l'anarchie; en religion, jusqu'à la négation la plus absolue, jusqu'à l'athéisme!

Déjà, non seulement sont dépassées les classes dirigeantes nées des hommes du pouvoir de 1830, avec tous leurs prédécesseurs royalistes ou impérialistes, et avec beaucoup d'anciens républicains; mais les classes dirigeantes de 1848 et de 1872 jouent désormais le rôle de vieux chevaux de renfort devenus fourbus. Personne ne veut plus, ni d'eux, ni de leurs principes politiques, ni de leur morale éclectique; et ce que demandent les avancés du jour, c'est l'Anarchie! — Or, il n'est pas de société possible chez une nation où l'ordre social est ainsi compris. A chacun ses devoirs et ses droits, il est aussi absurde qu'injuste d'exiger des ignorants, des faibles et des pauvres, des devoirs que la société est en droit d'exiger des savants, des puissants et des riches; de même les droits de chacun doivent être proportionnés à ses devoirs. Ainsi le veut la justice, d'accord avec le sens commun.

Heureusement pour la France, si le rationalisme a fait d'épouvantables ravages dans les écoles, comme dans les ateliers, dans les salons, et dans les cabarets, dans les châteaux, comme dans les chaumières; il est encore un bon nombre de cœurs chrétiens parmi les classes dirigeantes, comme parmi le peuple.

Que les chrétiens se tendent donc la main; et que, la main dans la main, ils se jettent avec confiance au pied de la croix.

Là, sans nulle crainte de notre petit nombre, prions de tout cœur, même pour les contempteurs du passé et du présent, qui, de conséquences en conséquences néfastes, mettent en danger jusqu'à notre nationalité. Tel est le premier de nos devoirs, et Dieu repousserait toutes nos autres prières, si nous étions assez malheureux pour ne pas nous souvenir qu'il nous faut non seulement oublier le mal, mais qu'il nous faut aussi rendre, même à nos ennemis, le bien pour le mal.

Là, et là seulement, est la force du chrétien, comme là est la force des peuples chrétiens. C'est parce que ce premier de nos devoirs est oublié, que Dieu nous châtie, même dans ceux qui sont restés les plus fidèles à la croix. Ce dont nous nous révoltons, n'en pouvant plus comprendre la raison, tant faible est notre foi, tant grand est notre orgueil.

Prions donc tous, pour tous; mais prions encore davantage pour ceux qui nous gouvernent, et qui ne prient pas. Les devoirs si grands qu'ils ont à remplir deviennent impossibles sans l'aide de Dieu, qu'ils soient rois, empereurs, ou chefs de république.

III

C'est une belle et sainte chose que la prière, ce lien mystérieux, mais puissant, qui réunit l'homme à Dieu, la terre au ciel. On peut regarder la prière comme une inspiration divine, car partout l'homme sent le besoin de demander aide et protection à plus puissant que lui; et c'est de Jésus-Christ lui-même que nous vient la plus complète et, en même temps, la plus simple des oraisons.

Vous avez compris, Messieurs, que je veux parler du *Pater*... divine invocation que les mères chrétiennes déposent avec bonheur sur les lèvres de leurs enfants, dès qu'ils peuvent dire leurs premiers mots ! C'est qu'elles ont au cœur cette douce espérance que ces mots, chaque jour répétés, feront pénétrer, les puissantes idées qu'ils expriment, dans le cœur de ces êtres chéris, pour en faire des hommes forts, charitables, en un mot des chrétiens, car toute la loi de Dieu est dans la Charité.

La Charité, vertu sublime qui seule des superbes fait des humbles, des puissants fait des hommes de dévouement ; des riches fait des pauvres volontaires, au grand profit des déshérités du siècle, et des siècles à venir [1].

Quel magnifique enseignement, que cet enseignement chrétien, pour l'établissement et l'harmonieux développement des sociétés humaines en ce bas monde :

La Prière, comme base sociale ;
La Charité, comme moyen d'action ;
La Fraternité, comme but.

Omnes fratres estis.

Est-il pour un peuple, quelque civilisé qu'il soit, une voie plus large et plus sûre en même temps, pour réaliser chez lui et les libertés et l'autorité nécessaires ? est-il une voie plus large et plus sûre pour fonder, et développer chez un peuple, quelque civilisé qu'il soit, cette union de volonté et d'action qui seule fait un peuple fort ?

Non, il n'en est pas.

Comment se fait-il donc qu'un tel enseignement soit précisément repoussé au nom de la Liberté et de la Fraternité ?

(1) Au profit des déshérités du siècle, par ses bienfaits de chaque jour ; au profit des déshérités des siècles à venir, par ses fondations qui prennent l'homme à son berceau, pour le suivre jusqu'à son tombeau.

— Autre contradiction de la part des Libres-penseurs qui posent en Républicains, et qui ne comprennent même pas que l'amour du prochain, la Fraternité, n'est qu'un vain mot, pour qui se rit de l'amour de Dieu, des vertus que cet amour inspire, et que cet amour seul peut nous faire comprendre et nous faire pratiquer.

Puisque nous avons prononcé le mot Fraternité, qui exprime un si beau sentiment, bien mal compris, hélas! et dont, par conséquent, on fait un si déplorable abus, laissez-nous vous parler encore de cette étrange contradiction qui vient toujours nous frapper, dès que nous cherchons à nous rendre compte de nos divisions, de leurs causes et de leurs effets.

Tous les hommes politiques d'un peu de valeur, engagés dans les diverses écoles de la Libre-pensée, proclament d'une seule voix que la Fraternité est la vertu sociale par excellence; ils vont plus loin, et ils reconnaissent, avec nous, que la Fraternité n'est, et ne peut être, que ce noble sentiment qui porte les hommes à s'associer, à s'unir pour s'entr'aider dans leurs besoins de chaque jour. Noble sentiment que nous, catholiques, nous nommons : la Charité.

Comment se fait-il donc que les libres-penseurs de toutes ces écoles qui, en politique, affichent le plus grand libéralisme, dès qu'ils arrivent au pouvoir, se montrent impuissants pour pratiquer cette première des vertus sociales? — Plus encore ! Comment se fait-il que, de tous les gouvernants, ce sont eux qui méconnaissent le plus cette vertu; sans laquelle le pouvoir ne vit que par l'arbitraire et la violence contre tout ce qui entrave sa voie; et tombe bientôt par ses propres excès de despotisme?

Oui, pourquoi cette contradiction? — Pourquoi cette impuissance? — Pourquoi, dès que les Rationalistes politiques triomphent, les voyons-nous tomber d'abord dans l'exclusivisme, puis dans l'antagonisme, pour finir, un peu plus tôt, un peu plus tard, dans la violence? — Violence qu'ils portent jusque dans les lois qu'ils édictent.! Comme si la *violence légale* n'était pas le comble de la tyrannie, le comble de la démoralisation du gouvernement qui la provoque, et du peuple qui la subit [1].

Pourquoi en est-il ainsi ?

Cela paraît étrange à la raison, comme au simple bon sens ; mais, au point de vue chrétien, rien de plus simple, rien de plus logique. En effet, l'homme est libre de vouloir ou de ne pas vouloir, mais s'il se prononce librement pour l'accomplissement de tel ou tel acte, il lui faut nécessairement employer les moyens que l'accomplissement de cet acte exige de sa nature d'homme :

Veut-il voir, il faut qu'il regarde ;

Veut-il marcher, il faut qu'il s'aide de ses jambes ;

Veut-il être soldat, il faut qu'il se soumette à la discipline militaire ;

Veut-il pratiquer la Fraternité, cet idéal de tous les cœurs généreux, et dont le véritable nom, redisons-le encore, n'est autre que : charité chrétienne, *il faut qu'il commence par s'imposer l'habitude du sacrifice.* S'il veut pardonner l'injure, rendre le bien pour le mal, ou simplement venir en aide à ceux qui souffrent, il faut, de nécessité, qu'il fasse taire en lui l'amour-propre blessé, le souvenir du mal éprouvé, il faut qu'il obéisse à la loi du sacrifice. — Or, pour en arriver là, il n'y a pas deux voies à suivre, il n'y en a qu'une d'ouverte devant lui, et cette voie, c'est la mortification. *Voie impossible aux Libres-penseurs qui, ne relevant que de leur Raison, ipso facto, repoussent tout principe d'autorité et tombent fatalement dans l'individualisme ; c'est-à-dire dans la négation la plus radicale du sacrifice, de la mortification, de la Fraternité.*

Ainsi, les libres-penseurs les plus honnêtes, qui veulent sincèrement le règne de la Fraternité, de l'Union entre les citoyens riches et pauvres, ignorants et savants, n'arrivent

[1] On en vient à trouver chose toute simple d'entendre dire : Oui, c'est très juste ce que vous demandez, c'est l'équité même, mais... la loi s'y oppose. Ainsi, il n'est rien de plus simple que de dire : La loi n'est, en France, ni juste, ni équitable.

à rien, parce qu'ils demandent cette Union, non à DIEU, *amour et unité par essence,* mais à la RAISON *qui, elle, est la diversité par essence.* — Pour eux, l'Union à laquelle ils aspirent, à raison même de la base première qu'ils lui donnent : la Raison, est simplement impossible ; et, comme conséquence logique, la Fraternité, comme nous venons de le dire, n'est plus que chimère.

Du moment qu'il n'est plus pour eux qu'une seule règle, la souveraineté de la Raison, impossible de n'en pas subir les conséquences, c'est-à-dire : la division, l'antagonisme, le désordre social sous toutes ses formes. *Tot capita, tot sensus !*

Pour les autres libres-penseurs, qui sont moins soucieux de probité, l'Union et la Fraternité dont ils parlent beaucoup, ne sont que des mots ; aussi en parlent-ils comme les aveugles parlent des couleurs. Mais s'ils en savent parler haut et ferme, et couramment, ils trouvent un grand nombre de déshérités qui les écoutent et les suivent, espérant mieux.

Cependant, direz-vous peut-être, chacun de nous connaît des libres-penseurs très savants et très intelligents. — Nous le voulons, mais chacun de nous aussi est à même de constater que ce sont précisément ceux-là qui, dans leur vie privée, dans leurs écrits, dans leur enseignement, dans leur vie publique, tombent dans les contradictions les plus flagrantes, les plus fortes, disons même les plus étranges et les plus fatales. Ce phénomène, car c'en est véritablement un que de voir des hommes intelligents et instruits se démentir eux-mêmes à chaque instant, émettre des principes qui se contredisent, accomplir des actes qui sont la négation de leurs idées ; ce phénomène, disons-nous, qui, à première vue, paraît inexplicable, qui paraîtrait même impossible si des exemples nombreux n'étaient là pour en démontrer l'existence, est dû encore à une cause bien simple. Aux yeux des catholiques, il en est ainsi de la part de ces hommes, parce que, à raison même de leur intelligence et de leur savoir, ils sont d'autant plus coupables envers Dieu qu'ils méconnaissent, et qui les abandonne d'autant plus.

Il en est un parmi nos contemporains, du plus grand renom, qui a sa bonne part dans le désordre politique, économique et social dont nous souffrons aujourd'hui, et qui a dit dans une de ses pages :

« Parmi les chrétiens il y avait des hommes qui avaient « pensé à tout, à toutes les questions sociales et politiques, « qui avaient sur toutes les choses des opinions arrêtées, « des sentiments énergiques et un vif désir de les propager. « Jamais société pour s'assimiler le monde extérieur, « n'a fait d'efforts comparables à ceux de l'Église du « V[e] au Xe siècle. Elle a en quelque sorte attaqué la barba- « rie par tous les bouts pour la civiliser en la dominant. »

Puis il ajoute : « *Depuis l'émancipation intellectuelle « proclamée par Luther et Calvin,* L'ÉGLISE N'A PLUS DE « RAISON D'ÊTRE......... »

C'est M. Guizot qui parle ainsi ; oui, c'est cette grande intelligence, c'est ce savant, intimement convaincu de la divinité de Jésus-Christ (que nous ne connaissons que par les Évangiles conservés par l'Église fondée de lui), qui donne le nom d'émancipation intellectuelle aux blasphèmes de ces deux libres-penseurs. — C'est là un fait si contraire à la logique la plus élémentaire, que la raison en reste confondue.

Pour nous catholiques, qui ne pouvons séparer le libre-examen, de la libre-pensée, sources permanentes de l'antagonisme, et de la division d'homme à homme, et de peuple à peuple ; pour nous, qui sommes heureux d'être les enfants de cette Église méconnue, calomniée, méprisée, sans raison d'être, morte depuis longtemps, etc., etc....., au dire de tant de philosophes oubliés ; mais Église toujours assez solide pour briser qui s'y heurte ! rien de plus inconséquent qu'une telle conclusion. — Nous ne pouvons admettre, en effet, que ce levier donné par Dieu lui-même, ainsi que le croyait M. Guizot, qui aux mains de l'Église et sous son égide a mis nos pères à même d'attaquer la barbarie par tous les bouts, pour la civiliser en la dominant, soit, pour leurs fils, *sans raison d'être,* alors surtout qu'aujourd'hui, plus que jamais, les négations aussi anti-sociales qu'anti-religieuses de Luther et de Calvin, depuis longtemps déjà dépassées par les négations des élèves de ces deux orgueilleux révoltés, menacent de tous côtés la Croix et le pouvoir civil, qui ne peuvent être séparés qu'au détriment de l'harmonie sociale.

Messieurs, quoi qu'on dise, quoi qu'on fasse, au point de vue de la science comme au point de vue de la religion, il est un fait qui s'affirme de plus en plus ; l'humanité doit se soumettre à l'une de ces deux lois : à celle de la Force, ou à celle de la Croix.

La première conduisant fatalement à la servitude, par la tyrannie.

La seconde conduisant logiquement à la liberté, par le dévouement.

Vouloir, par la première, arriver au but propre à la seconde ; ou faire emploi de la seconde au seul profit de la première, c'est également blasphémer Dieu. — Si des hommes intelligents et libres, nés dans un pays évangélisé, peuvent, pendant un temps, se faire illusion à cet égard, leur raison suffit, tôt ou tard, pour faire tomber cette illusion ; elle suffit pour leur démontrer d'un côté, la supériorité civilisatrice de la Charité chrétienne imposée par la Croix ; et de l'autre côté, l'incertitude de la Libre-pensée, frappée d'impuissance pour fonder quoi que ce soit de durable.

Faisons donc appel à notre Raison, éclairée par la Foi ; regardons à la lueur de ces deux flambeaux, l'un et l'autre divins, inséparables, le désordre moral dans lequel se débat notre pays. — Puis, demandons-nous sincèrement ce qui nous fait le plus défaut pour sortir victorieusement de ce désordre : du Roi, ou de la Foi ? du trône, ou de la Croix ?

Tout aussitôt, à tous les chrétiens, la Croix apparaîtra comme étant toujours ce phare divin qui a fait la France si grande, et qui suffit toujours pour nous guider dans la véritable voie du progrès social.

Tout aussitôt, à tous les chrétiens, il sera clairement démontré que s'ils ont cessé de constituer les classes dirigeantes tenues de marcher à la tête de la nation, dans cette voie du progrès qui s'impose aux sociétés humaines, ce n'est pas faute d'avoir à leur tête un roi, mais faute d'avoir conservé pour guide : la Croix.

A genoux donc au pied de la Croix ! Royalistes, Impérialistes, Républicains, qui croyons toujours au Dieu des chrétiens ; prions de tout notre cœur afin de réparer le mal fait par nos pères, trop oublieux de leurs devoirs de charité ; trop oublieux de cette grande vertu qui, seule, peut nous faire assez forts pour combattre avec succès l'individualisme et l'antagonisme, par le dévouement ; l'égoïsme, par le sacrifice ; la haine, par l'amour ! comme le commande la Croix.

Point d'illusion, dans ce grand combat qu'il nous faut livrer au plus tôt ; si nous voulons vaincre, nous ne devons pas en appeler à la force, pour obtenir le changement de la forme du gouvernement actuel. La violence ne peut rien contre l'idée, même contre l'idée fausse, qui toujours porte en elle-même sa condamnation à mort ; la force, tout au contraire, prolonge la durée de l'erreur.

La lutte présente du Rationalisme contre la Croix n'est pas nouvelle, et les moyens dont le premier use aujourd'hui, sont ses moyens d'hier ; violents et non moins impuissants aujourd'hui qu'autrefois. Pour nous en convaincre, il suffit de relire le passage suivant de saint Augustin. — Vous le connaissez tous, mais laissez-moi vous le rappeler à cause de son actualité frappante, et parce qu'il nous montre, mieux que ne le feraient de longs discours, ce que nous avons à faire à l'heure présente.

Deux amours ont construit deux cités :

L'amour de soi poussé jusqu'au mépris de Dieu a fait la cité terrestre ;

L'amour de Dieu poussé jusqu'au mépris de soi a fait la cité céleste.

L'un de ces amours est saint, l'autre est immonde.

L'un est sociable, l'autre est égoïste.

L'un préfère la vérité aux louanges, l'autre veut des louanges à tout prix.

L'un veut pour le prochain ce qu'il veut pour lui-même, l'autre veut dominer.

L'un veut gouverner les hommes pour donner satisfaction à leurs intérêts légitimes, l'autre veut les gouverner dans son propre intérêt.

L'un est pacifique, l'autre est turbulent.

L'un est soumis à Dieu, l'autre est soumis au vice.

Dans cette page, vous le voyez, se retrouve bien précisé l'esprit qui anime les Rationalistes de nos jours; qui, au nom de la liberté des cultes, pour gagner les louanges des ennemis de la Cité céleste, ont eu dans leur égoïsme de satisfaits, l'immonde pensée de fermer les maisons de prières, de chasser Dieu de la salle d'asile, de l'école communale, de l'hôpital, de partout enfin où il est le plus nécessaire, de partout où l'on peine, de partout où l'on souffre, de partout où le pauvre se trouve en plus grand nombre.

Dans cette page sont non moins fidèlement retracés les devoirs des chrétiens qui s'inspirent du saint amour de Dieu allant jusqu'au mépris de la vie, pour accomplir leur mission sociale envers le prochain qui, par son isolement, par défaut de ressources, souffre dans ses intérêts légitimes.

Les libres-penseurs dans leur triomphe turbulent et dominateur, proclament plus que jamais la souveraineté de la Raison, et croient affirmer leur force en affectant leur mépris de Dieu, en insultant à notre foi religieuse, en nous poursuivant de leur haine.

Ils ne sont qu'une foule sans force personnelle, sans union sérieuse, unie seulement pour la négation, pour le combat qu'elle soutient contre Dieu. L'antagonisme divise ses adeptes dans leurs rapports entre eux ; ceux qui sont au pouvoir tiennent à l'écart ceux qui trouvent qu'ils font trop, ou trop peu ; et, immanquablement, qu'ils le veuillent ou non, cet exclusivisme les conduira tôt ou tard à la violence. Alors les plus violents triompheront, jusqu'au jour où, à force de triomphes, les victimes seront plus nombreuses que les bourreaux. Alors, tout au moins, les victimes renverseront leurs bourreaux ; mais alors aussi le nombre des victimes sera bien grand?.....

Pendant cette lutte, pouvons-nous rester inactifs? dans la crainte d'être victimes de ces violences, pouvons-nous nous dispenser d'aider ceux qui déjà en souffrent le plus? Si nous agissions ainsi, nous ne serions pas des catholiques, nous serions des apostats ; car, de par notre foi religieuse, nous devons répondre à ces violences par la prière, même en faveur de nos ennemis ; nous devons, avant tout, demander à Dieu les grâces nécessaires pour vivre de mieux en mieux comme de bons chrétiens, c'est-à-dire pour pratiquer de plus en plus la charité chrétienne.

Des fondations dues à cette double inspiration : la Prière et la Charité, existent en grand nombre autour de nous et rendent d'immenses services aux éprouvés du monde ; enfants et vieillards, femmes et hommes, croyants et libres-penseurs. — Mais hélas ! plus une société s'éloigne de Dieu, plus elle compte de malheureux à secourir, plus s'y multiplient les misères morales et les misères matérielles ; voilà pourquoi, aujourd'hui, toutes les œuvres qui existent ne répondent plus, malgré leur grand nombre, aux besoins légitimes qui sont en souffrance autour de nous.

La Libre-pensée, avec ses conséquences anti-sociales, a pénétré dans la chaumière comme au château, dans l'atelier comme au salon ; la Charité avec son action vivifiante, doit donc l'y combattre sans relâche, au nom de la Croix, par l'Amour et le Sacrifice. — Alors, mais alors seulement, l'aide de Dieu nous suivra, et le succès sera certain.

Là, est l'unique solution efficace de la question sociale présente ; là, est l'unique voie du salut pour une société troublée comme l'est en ce moment la nation française.

Le catholicisme seul impose à ses fidèles de tels devoirs, et là est précisément sa supériorité sociale. Ces devoirs il les impose à tous les fidèles, surtout aux puissants par l'autorité, la fortune ou le savoir. Plus les catholiques s'y conforment, plus l'ordre social est assuré avec la liberté et l'autorité qu'il comporte. Moins ils s'y conforment, plus l'ordre social est troublé, plus la liberté et l'autorité font défaut.

Qui cesse d'obéir à Dieu ne peut longtemps obéir aux hommes, et c'est alors que vient le règne inévitable de la Force; là, ouvertement sous la forme du gendarme et du sabre; là, traîtreusement, sournoisement, sous le masque de ce que l'on ose appeler la Loi, et qui n'est que la volonté délibérée, votée, écrite, inspirée par la violence du parti triomphant.

Alors la division est partout; et dans ce désordre, il n'est plus de place au soleil que pour l'audace, l'intrigue, et l'agiotage.

Voilà où nous en sommes, et pourquoi nous y sommes. Voilà pourquoi est si grand le trouble social qui nous travaille, nous énerve, et compromet notre avenir national.

Reconnaissons donc enfin que ce trouble n'est si grand, que parce que grand est l'oubli de Dieu et de ses divins commandements, parmi un trop grand nombre de nos concitoyens riches et pauvres, puissants et faibles, savants et ignorants. Oubli de Dieu qui a pour conséquence fatale, l'oubli du prochain et un trop grand amour de soi-même; d'où découlent l'excès du luxe pour les uns, et pour les autres l'excès de la misère.

C'est donc uniquement par un retour à Dieu, par l'amour de Dieu et du prochain, que la France peut dominer le trouble social qui la ruine.

Qui donc doit donner l'exemple de ce retour à Dieu? En quoi peut et doit consister cet exemple, dans la situation présente d'abandon, tout au moins d'isolement, où vivent ceux qui sont sans autorité et sans fortune, sans pouvoir et sans savoir, au milieu de concitoyens qui ont en partage : autorité, fortune, pouvoir et savoir?

Est-ce qu'il est pour un chrétien deux réponses possibles? Évidemment non.

C'est ainsi que de réflexions en réflexions, nous

avons été amené à voir comme un grand bienfait parfaitement pratique et d'un effet immédiat, la constitution d'une association coopérative, la plus large possible, ouverte avec le concours de ceux qui possèdent autorité, savoir, ou fortune, en faveur de tout homme de bonne volonté, croyant ou non, mais voulant arriver par le travail à vivre de la vie de famille.

IV

En 1881, pendant le Congrès catholique, nous avons sommairement exposé nos idées à cet égard, les soumettant à l'examen de tel Comité voulu.

Notre proposition n'a pas été adoptée. C'est certainement parce que nous n'avons pas su en développer clairement tous les avantages.

Aujourd'hui, nous faisons une deuxième tentative et, pour lui donner plus de chance de succès, nous appelons à notre aide l'expérience des uns justifiée par des faits, l'opinion d'hommes dont le nom seul est une puissante recommandation.

On lit dans l'enquête parlementaire, séance du 8 mars 1884, la déposition suivante faite par M. Barberet, chef de bureau au ministère de l'intérieur :

« En France, nous avons des associations coopératives « de production qui prennent un développement remar« quable. Il y avait à Paris 35 associations coopératives « ouvrières de production, il y a deux ans. Maintenant « leur nombre est de 65. Si, comme j'en suis convaincu, « la Commission extraparlementaire instituée par M. le « ministre de l'intérieur, aboutit à faire accepter certaines « réformes qu'elle a en vue, d'ici à un an, la capitale pos« sédera 200 associations coopératives ouvrières de pro« duction qui compteront 7,000 à 8,000 sociétaires : il y en « a déjà 2,000. C'est en France seulement que ce mouve« ment s'est produit. Quelques-unes de ces associations

« sont riches. L'association des ouvriers lunetiers, dont « la création remonte à une trentaine d'années, possède « actuellement la valeur de 3 millions de francs. Plusieurs « associations ont passé le cap des tempêtes, elles ont « donné un exemple qui sera suivi.

« En 1848, il y a eu nombre d'associations qui n'ont pas « abouti; leur déconfiture peut être attribuée à ce qu'on « n'avait pas alors l'expérience de l'association coopérative. « Les ouvriers n'étaient pas préparés à l'administration « d'une entreprise. Si on pouvait développer ces associa-« tions de production, je crois qu'on réunirait un nombre « assez important d'ouvriers travaillant à leur compte, « et que ce serait un bon moyen pour enrayer la crise. « Ces associés ne cesseraient pas le travail en vue d'une « augmentation de salaire, car ils se mettraient, en quelque « sorte, en grève contre eux-mêmes.

« Ce qu'il faudrait pour faire réussir ces associations de « production, ce serait l'établissement du crédit qui leur a « manqué jusqu'ici. Elles sont forcées d'emprunter de l'ar-« gent à gros intérêts, et elles se heurtent à des formalités « qui les gênent. D'autre part, les créditeurs encourent le « risque des faillites, des non valeurs, etc... C'est une expé-« rimentation difficultueuse. Cependant, si le crédit leur « était ouvert, je crois qu'elles feraient de très bonnes « affaires. Depuis un an pas une d'entre elles n'a cessé « ses opérations. »

Nous venons aujourd'hui faire un nouvel appel en faveur de l'idée d'une telle association et de la forme à lui donner pour la rendre immédiatement pratique, précisément dans le but de venir en aide à ceux qui, pour gagner leur vie de chaque jour, ont besoin de ce crédit qui leur manque.

Dans le but, comme le dit si éloquemment Notre Saint-Père le Pape dans sa Lettre encyclique du 20 avril 1884, « de venir en aide à cette honorable classe de prolétaires, « d'assurer à leurs familles et à leurs enfants le bienfait « d'un patronage tutélaire, de leur fournir le moyen de

« garder avec de bonnes mœurs, la connaissance de la « religion et l'amour de la piété. »

Dans le but de venir en aide, comme le dit encore avec tant d'autorité cette même lettre, « à ceux qui n'échappent « à la misère qu'au prix du labeur de leurs mains ; qui en « même temps, par leur condition, sont souverainement « dignes de la charitable assistance de leurs semblables, « et sont aussi les plus exposés à être trompés par les « séductions et les ruses des apôtres du mensonge. Il faut « donc leur venir en aide avec une très grande bonté, et « leur ouvrir les rangs d'associations honnêtes pour les « empêcher d'être enrôlés dans les mauvaises. »

Notre appel s'adresse principalement aux catholiques clercs et laïcs, nous avons dit pourquoi. Mais, dans les temps troublés que nous traversons, beaucoup de baptisés vivent plus ou moins en libres-penseurs, tout en subissant, sans s'en douter, l'influence des grâces reçues dans ce premier sacrement et sous l'influence de leur éducation chrétienne ; à ceux-là aussi s'adresse notre appel.

Pour mieux préciser comment nous comprenons cette Association coopérative, nous avons établi un projet de Statuts, mais seulement comme base d'examen, qu'auraient à faire les adhérents, dès leurs premières réunions.

En voici les dispositions principales :

La Direction serait confiée à un Conseil d'administration, qui agirait avec le concours d'un Conseil de surveillance et d'Agences établies dans les divers arrondissements de Paris, comme point de départ.

Chaque Agence serait gérée par un personnel choisi en Conseil d'administration ; ce personnel serait assisté d'un Conseil de famille élu par les sociétaires du quartier, et présidé par un membre du Conseil d'administration.

Les sociétaires coopérants seraient divisés en trois catégories :

Coopérants fondateurs ;
Coopérants actifs ;
Coopérants participants.

Ceux des deux premières catégories concourraient à la formation du capital social; de plus, les coopérants actifs donneraient à l'Association un concours personnel, comme administrateurs, membres du Comité de surveillance, membres d'un des Conseils de famille, professeurs, conférenciers, zélateurs, etc. [1], concours essentiellement gratuit.

La troisième catégorie concourrait au développement de l'Association par son travail, auquel viendrait en aide le crédit que ses membres trouveraient près de l'Association.

Tous les membres coopérants, composant ces trois catégories, concourraient au développement de l'Association, par leur consommation de chaque jour, qu'elle leur faciliterait en leur fournissant tout ce dont ils auraient besoin, dans des conditions avantageuses de qualité et de prix; tout en réalisant (au seul profit de l'Association) un faible bénéfice sur chaque fourniture. Ces bénéfices, bien que faibles, étant souvent répétés, arriveraient rapidement à un chiffre total très élevé.

L'Association, sur la libre demande de ses membres, serait pour chacun, moyennant une faible commission, un intermédiaire dévoué pour placer les produits provenant de leur travail. — Elle serait pour eux un conseiller gratuit, pour la direction de toutes leurs affaires privées.

Les bénéfices sociaux proviendraient donc :

Des fournitures d'objets de consommation;
Des prêts faits aux sociétaires;
Des courtages à percevoir sur les ventes faites au profit des sociétaires.

[1] Là, nous a-t-on dit souvent, est la grande difficulté. — De l'argent beaucoup en donnent; mais enlever, même quelques heures, à ses habitudes, bien peu s'y décideront. — Même parmi les catholiques? Nous ne pouvons le croire, quand nous pensons à tout le bien qu'ils peuvent faire dans cette voie, à l'urgence qu'il y a de faire ce bien. Une telle indifférence ne nous paraît pas possible dans la situation présente. Si les catholiques ne répondent pas à notre appel, c'est qu'ils auront mieux à faire, pour venir en aide à ceux qui souffrent; et c'est ce que nous désirons tout le premier.

L'emploi des bénéfices serait celui-ci :

Après prélèvement des frais généraux, y compris l'intérêt à 5 °/₀ du capital social, au maximum, 25 °/₀ seraient attribués à une réserve dite l'Économat, entièrement consacrée au développement de l'Association à Paris et hors Paris, partout où son concours serait demandé ; — 75 °/₀ seraient attribués à une deuxième réserve dite la Prévoyance, entièrement consacrée aux intérêts des coopérants participants, et de leur famille, sous toutes les formes les plus avantageuses pour eux et les leurs, pour leur bien-être moral et matériel, comme création de : Bureaux d'offres et de demandes ; bureaux de renseignements et de conseils pour toutes leurs affaires privées ; travail individuel à domicile ou par association ; secours à domicile en cas de maladie ou de chômage ; facilité d'instruction et d'éducation par des conférences, des lectures, des cours gratuitement mis à leur portée ; prix et primes d'encouragement, etc.....

Telles seraient la base et le but de cette Association coopérative. Il nous paraît évident pour tout le monde qu'une telle Association, par sa base, sa direction et son but, serait bien supérieure aux Associations du même nom fondées seulement, ou pour la consommation, ou pour la production, ou pour le crédit, avec ou sans secours mutuels.

Bien supérieure aux Associations coopératives spéciales aux individus de telle ou telle profession ; bien supérieure même aux Trad'-Unions, fondées cependant avec tant de succès en Angleterre et aux États-Unis d'Amérique.

La raison de cette supériorité est facile à comprendre. Elle tient tout simplement à ce qu'une telle Association coopérative aurait l'avantage d'aider chacun de ses membres dans ses besoins matériels comme dans ses besoins moraux, et d'appeler à elle non les individus de telle ou telle condition sociale, mais tous les hommes de bonne volonté.

Or, chacun le sait, toute Association qui rapproche les hommes de bien, est bonne en soi. Elle est d'autant meilleure qu'elle les rapproche plus complètement, comme répondant mieux aux nécessités diverses de leur existence, et qu'elle les rapproche en plus grand nombre.

Il est donc bien évident que l'Association coopérative, ici préconisée, réunissant toutes ces conditions, serait une Association des plus heureuses pour tous ceux qui en feraient partie.

Sursum corda ! hommes de foi, prions.

Prier est bien : c'est là le premier devoir de l'homme, mais prier et donner est mieux ; car la foi sans les œuvres est lettre morte ; mais prier, donner et se donner est beaucoup mieux encore, car ainsi le veut la charité chrétienne, cette première des vertus sociales et religieuses.

Sursum corda ! hommes de foi, agissons.

Nous gémissons avec raison de l'impiété qui se répand de plus en plus dans les masses et qui, du peuple français, si bon, si loyal, si pieux, tend à faire de plus en plus un peuple de viveurs.

Ces masses, plus égarées que coupables, vous avez le sincère désir de les ramener à leurs devoirs envers Dieu, envers le prochain, et envers elles-mêmes. Pour exercer sur elles une action réelle, étendue et de bon aloi, souvenez-vous de ces éloquentes paroles qui, avec tant de vérité, vous ont été dites par un homme de bien, traitant devant vous l'intéressant sujet des Institutions économiques au point de vue religieux :

« Il faut, vous disait-il, se mettre en contact avec « elles, les voir, leur parler, entretenir chacun de ce qui « l'intéresse personnellement, persuader à tous qu'on se « préoccupe de leur bien-être et le leur prouver par un « dévouement incessant et sans bornes. »

« Or, nous ne craignons pas d'affirmer qu'aucune asso- « ciation catholique ne possède ce genre d'action à un aussi « haut degré que les associations économiques inspirées de « l'esprit chrétien.

« Par elles en effet, mis en contact journalier avec la

« partie saine, laborieuse, intelligente et influente des tra-« vailleurs, nous pouvons gagner leur confiance, mériter « leur affection et faire d'eux de précieux auxiliaires ; par « elles aussi nous éloignons de nous les fainéants, les « ivrognes, les mendiants de profession, les parasites et les « tarés, tous ces êtres abrutis ou pervers, ennemis de Dieu, « de la société et d'eux-mêmes, sur lesquelles nous ne « pourrions rien et qui ne peuvent servir qu'à déconsidérer « une œuvre. Ces hommes nous les abandonnons à leur « sens réprouvé, ou plutôt aux Vincent de Paul, aux Fran-« çois Régis, à ces anges de la terre que rien ne souille ; « qui guérissent les âmes en touchant les corps, qui font « fuir les misères morales en soulageant les misères « physiques. »

. . . .

« A Dieu ne plaise que nous voulions jeter la défaveur « sur les œuvres dont le but est de grouper, en un faisceau « serré, près d'une chapelle, à l'ombre de la Croix, signe « glorieux de leur réhabilitation, des ouvriers éloignés de « Dieu plus par ignorance que par malice et trop souvent « délaissés par leurs patrons. Nous ne saurions trop admi-« rer au contraire, ces hommes de cœur qui renoncent, à « tout instant, aux joies de la famille ; qui sacrifient leur « jeunesse, leur fortune, leurs loisirs pour aller à la re-« cherche de ces frères égarés, tendre la main à ces enfants « prodigues et les ramener dans le giron de l'Église. Loin « de vouloir pousser au découragement ces valeureux « Chrétiens, en leur insinuant qu'ils se donnent une peine « inutile, qu'ils feraient mieux d'employer leur argent, leur « crédit et leur temps à des œuvres plus fructueuses, nous « ne pouvons que les féliciter de rester à leur poste, d'être « fidèles à leur vocation, de ne point se laisser abattre par « les difficultés.....

... « Notre rêve, dans lequel, hélas ! vous avez peut-être « raison de ne voir qu'une utopie, serait qu'on fondât dans « une localité où le terrain semblerait le mieux préparé « (il n'est pas à propos d'en tenter l'expérience partout à

« la fois) un groupe composé de toutes les institutions éco« nomiques : secours mutuels, caisse d'épargne, économat « domestique, banque populaire, association coopérative de « consommation, bureau de placement gratuit, garni pour « les ouvriers de passage ou sans famille, restaurant pour « les besoins des membres de ces diverses institutions, « attirés là à chaque instant pour leurs affaires. Nous « voudrions aussi qu'à certains jours et à une heure con« venue on trouvât à ce siège commun de toutes les fon« dations, un avocat, un notaire, un agent d'affaires « donnant tous des consultations gratuites, et enfin plu« sieurs bibliothécaires pour distribuer des livres à em« porter. Le tout devrait être entre les mains d'une « même administration et fonctionner dans le rayon le plus « restreint possible. De cette façon il y aurait unité dans la « direction : la vie, l'ordre, la prospérité régneraient dans « ce vaste établissement ; ce serait un centre vers lequel « afflueraient les gens honnêtes qui s'y rencontreraient à « chaque instant pour leurs affaires, les différentes bran« ches de ces institutions sœurs, loin de se nuire, se « prêteraient un mutuel appui et contribueraient chacune « à la prospérité de toutes. N'est-il pas évident qu'entre « nos mains une pareille fondation serait propre à exercer « sur les masses populaires une action aussi efficace « qu'étendue ? »

« Nous ne prétendons pas que, dans le cas où il serait « impossible de réaliser cet idéal, on ne doive rien faire. « Si l'on ne peut créer qu'une de ces œuvres, on devra « fonder la plus utile ou plutôt celle qu'on jugera avoir le « plus de chance de réussir. Plus tard, si la chose est « possible, on lui en adjoindra une autre ; plus tard encore « une troisième, une quatrième si rien ne s'y oppose. Mais, « ce qui est toujours indispensable, c'est que, là où plu« sieurs de ces institutions peuvent exister simultanément, « elles reçoivent une direction commune et soient installées « dans un même quartier. Autrement toutes ces associa« tions manqueraient de vie, demeureraient sans action,

« ne prendraient aucune extension. Il faudrait perdre « beaucoup de temps pour aller de l'une à l'autre, et les « membres de toutes ces institutions courraient les uns « après les autres sans pouvoir se rencontrer. Enfin ces « diverses créations dans des mains différentes, loin de se « prêter un mutuel appui, se gêneraient réciproquement : « le défaut de concert, des rivalités inévitables en con- « trarieraient les mouvements et en neutraliseraient les « forces. »

Cet idéal, c'est celui dont nous proposions l'étude et l'application au Comité d'économie politique du Congrès catholique de 1881, réuni à Paris.

Depuis lors, le mal social a grandi dans d'immenses proportions ! Aussi, puissants, très puissants doivent être les moyens à mettre en œuvre pour le combattre.

Sursum corda !

Hommes de foi, fidèles à la divine oraison du Pater, souvenez-vous que la charité vous impose le devoir de travailler de tous vos moyens, pour que la volonté de Dieu soit faite sur la terre comme au ciel. Réunissez donc vos efforts pour, de cet idéal, faire une bienfaisante réalité, capable de réagir avec succès contre la situation présente.

Cette situation, comme vous l'a dit avec tant de vérité S. Em. le Cardinal Archevêque de Paris, dans son mandement pour le Carême de 1884, appelle les efforts de tout notre zèle. « L'excès du mal ne peut inspirer à ceux qui veulent servir la cause de Dieu, c'est-à-dire vivre en chrétiens, qu'un redoublement d'ardeur et de générosité ! »

Cette association coopérative peut être constituée sans sacrifices, et seulement avec un peu d'argent et un peu de dévouement [1] ; « un peu d'ardeur et de générosité ».

Elle peut s'étendre largement, sans augmenter le capital de fondation ; mais plus elle trouvera de dévouement,

[1] Voir le tableau ci-après.

plus elle prospèrera, plus promptement elle répandra ses bienfaits, au grand avantage matériel et moral d'un plus grand nombre de membres : savants, puissants, riches qui lui donneront capitaux et dévouement ; et aussi de ses membres ignorants, petits et pauvres auxquels elle viendra donner un aide fraternel, en retour de leur travail et de leur dévouement à la vie de famille.

C'est ainsi que se trouvera fondée l'Union du Capital et du Travail, cimentée par le dévouement de tous.

« Le grand défaut des hommes de notre temps, — a dit M. Le Play, cet homme si distingué par sa puissante intelligence et son grand cœur, — est de se borner à penser « et à écrire. La réforme sociale ne se fera point si les « principes qui la commandent restent enfermés dans des « livres qu'on lit peu. »

« Il faut agir, il faut des apôtres à la doctrine, et des « apôtres valent mieux que des écrivains.

« Il faut parler haut et ferme ; il faut montrer l'abîme « ouvert, et crier : gare ! Il faut non seulement crier : « gare ! mais montrer le chemin du salut social en s'y « engageant des premiers. »

« L'homme riche, intelligent, placé dans les corporations « intéressées, qui ne pense qu'à lui, est un fléau social, car « non seulement il occupe la place d'un ouvrier utile, mais « il excite l'antagonisme des classes inférieures qui ne « respectent la classe dirigeante que quand celle-ci fait son « devoir. »

« La réforme sociale s'accomplirait certainement si nous « savions agir, et promptement agir ; si tous ceux qui « souffrent du mal actuel, au lieu de chercher le succès « dans des voies détournées, savaient se concerter pour « faire honte au pays d'un régime qui n'est pas moins « dégradant pour les administrateurs que pour les adminis- « trés. Pour prouver qu'il est temps de cesser de demander « au gouvernement la solution de toutes les questions qui « nous touchent, attendu que tel n'est pas son rôle ; attendu

« que son rôle à lui est uniquement de nous aider dans nos « tentatives, en provoquant une législation en harmonie « avec nos besoins légitimes. Pour prendre enfin réso- « lument l'initiative d'institutions économiques sociales « profitables à tous ceux qui y concourront, et permises « par nos lois existantes, en attendant mieux.

« Si les classes dirigeantes n'entrent pas des premières « dans cette voie, la réforme viendra..... mais elle viendra « de catastrophes qui, peut-être, anéantiront la France « tant décriée, mais tant enviée ! »

A l'œuvre donc, Messieurs, apportons-y dévouement et patience; le péril est grand, et la lutte devra être plus grande encore ! N'attendons pas pour combattre l'incendie, qui à chaque heure s'étend, que la maison soit entièrement brûlée.

A l'œuvre donc, et à nos prières sachons joindre l'action: une action au moins aussi énergique que celle déployée par les libres-penseurs, francs-maçons, et dont voici les résultats.

Les chiffres que nous allons donner sont empruntés au *Siècle*. Ils sont à peine croyables. — « En 1880, date de la dernière statistique officielle, il existait dans tout l'univers 137,065 loges maçonniques qui ont recueilli pendant cette année 4 milliards de contributions volontaires ! — Sur ce chiffre, 1 milliard 395 millions 698,000 francs ont été employés pour couvrir les frais d'écritures, d'impressions, de correspondance, d'entretien des locaux, etc. Un milliard 785 millions 967,000 francs ont servi à secourir les frères maçons nécessiteux et leurs familles, puis 428 millions ont été donnés pour les asiles et les écoles qu'ils soutiennent.

La cotisation des frères maçons est de 2 fr. 50 par mois, 30 francs par an.

Par notre combinaison, à part l'avance que nous demandons aux coopérants fondateurs, et dont le remboursement leur serait assuré, dès la première année, avec bénéfice, par la seule économie qu'ils réaliseraient sur leur consommation annuelle, nous ne demandons pas un centime de cotisation; nous ne demandons qu'un peu de dévouement, qu'un peu de charité.

Catholiques, obéissons donc aux conseils que le Saint-Père nous donne pour détruire l'influence malheureuse des loges maçonniques qui se montrent aux premiers rangs de la libre-pensée. Unissons-nous, formons une immense coalition de prières et d'efforts. Il doit y avoir chez nous plus de ressources au point de vue du dévouement; et le dévouement au service de Dieu est capable de produire les plus grandes choses.

Un exemple de ce que peut un homme de bien qui s'avance hardiment dans la voie sur laquelle nous appelons votre attention. Nous le prenons dans ce qui s'est dit lors de la réunion mensuelle des membres du groupe de Paris de la Réforme sociale (24 mars 1884) :

M. Smith [1] propose à la réunion de lui parler des *Rings*. « Ce sont, dit-il, des associations populaires de quartier, réunissant des ouvriers de toutes professions, étrangères par conséquent à tout esprit corporatif et destinées à procurer par le seul concours des forces ouvrières : la la vie à bon marché, l'assurance contre le chômage, et la recherche du travail. Ils n'existent que depuis un an et comptent déjà vingt-quatre groupes de mille associés chacun dans la seule ville de Stockholm. »

« Ces *Rings*, dit M. Smith, sont sortis de plusieurs réunions faites chez moi et composées d'ouvriers de Stockholm, choisis parmi les plus intelligents et les plus ordonnés. Après les avoir bien imprégnés de mon projet, je leur ai conseillé de convoquer, en dehors de mon initiative, une réunion générale de leurs camarades. En peu de jours, ces ouvriers réussirent à grouper chacun un nombre important d'adhérents et, un dimanche, ils se réunirent tous en plein air, au nombre de 7,000. Dans ce

[1] M. Smith, ancien industriel suédois — grande fortune, — s'occupe beaucoup d'institutions populaires, et s'en occupe royalement.

meeting, ils reçurent communication du projet définitif des Rings et le votèrent. Le rassemblement d'un aussi grand nombre d'ouvriers, pour un but encore peu connu, ne peut se faire dans aucun pays, sans exciter les soupçons et les craintes du public et surtout du gouvernement. Aussi, je conseillai à mes futurs associés de demander une audience au Roi. Des délégués furent aussitôt élus et envoyés au palais. Le roi les reçut avec bienveillance, et après avoir écouté attentivement l'exposé de leurs projets conçus en dehors de toute tendance politique, promit de leur faire connaître son sentiment personnel. Quelques jours après, en effet, il les convoquait et leur donnait l'assurance qu'il portait le plus vif intérêt aux succès de leur association.

« Le moment était venu d'entrer dans la pratique. Le plus pressé était de donner la vie matérielle à bon marché ; nous commençâmes donc par la cuisine économique.

« Nous n'avions sur ce point qu'à prendre modèle sur les Allemands, qui ont déjà chez eux un grand nombre de ces établissements populaires. Nous adoptâmes leurs fourneaux spéciaux, et leurs calculs sur l'alimentation. Les Allemands, vous le savez, ont l'habitude de tout appuyer sur la science. Ils se sont donc appliqués à résoudre scientifiquement le problème de la cuisine à bon marché. Ils ont traité le fourneau comme on traite une construction mathématique, et sont arrivés à faire un fourneau où les aliments se cuisent à la vapeur et au bain-marie et non sur le feu, avec une économie de combustible de 40 p. 100. Ils ont noté le nombre exact de degrés de chaleur nécessaire à la cuisson de chaque mets, et un jeu de robinets permet de donner avec une certitude absolue ce nombre de degrés pendant un temps déterminé. De même, les Allemands ont analysé la quantité de carbone, d'azote, d'oxygène, d'hydrogène, etc., renfermée dans tous les aliments ; calculé d'autre part, ce qu'il faut de ces aliments pour constituer une alimentation substantielle. Sous cette forme, la cuisson et le menu sont des questions réglées et mesurées à l'avance, susceptibles de calculs rigoureux et d'adaptation, avec une souplesse extrême, à tous les climats et toutes les saisons. Ce tableau des coefficients nutritifs permettent aussi de réaliser un but moral très élevé, celui de la tempérance : en composant les repas dans telles et telles conditions, on peut rendre l'usage de l'eau-de-vie de moins en moins nécessaire et réduire, par conséquent, dans de fortes proportions, sans aucun préjudice pour les forces de l'ouvrier, la partie liquide de sa consommation.

« J'ai donc adopté les fourneaux économiques allemands, que j'avais fait étudier sur divers points de l'Allemagne par M. Leffler ; mais voyant que les fabricants allemands voulaient prélever des droits de fabrication exorbitants, je leur ai simplement acheté leurs brevets pour toute la Suède.

« Pour l'organisation intérieure, nous ne nous sommes inspirés que de nous-mêmes. Chaque peuple a son génie propre, et nous avons voulu rester suédois avant tout. Nous avons donc : 1° pris pour point de départ le bon marché pour l'ouvrier ; 2° écarté l'idée de charité qui pousse, dans un très grand nombre de pays, à donner la nourriture à prix coûtant ou même à perte ; 3° écarté non moins énergiquement l'idée de crédit ; 4° décidé que la cuisine économique servirait non seulement à réduire les dépenses, mais à créer l'épargne et à régénérer les mœurs. En conséquence, le coût ordinaire de la vie de l'ouvrier étant, à Stockholm, de 2 francs, nous avons mis le prix des trois repas de la journée à 1 fr. 10 ; économie de 45 p. 100 ; ces trois repas nous revenant à 0 fr. 75, c'est donc 35 centimes d'épargne par jour, qui sont attribués en dividende à l'ouvrier, dès que les frais d'installation sont amortis. Enfin, pour donner des habitudes de tempérance et de prévoyance, et nous assurer en même temps le maximum d'économie possible, nous avons décidé que l'usage de l'eau-de-vie serait interdit, qu'on ne boirait que de la bière, du café ou du lait, et que tous les repas d'une semaine seraient payés dans le courant de la semaine précédente. Chaque semaine, donc, chacun de nos associés nous remet 6 fr. 60 pour sa nourriture de la semaine qui doit suivre. C'est, comme on le voit, tout le contraire du crédit : non seulement on ne paye pas comptant, on paye d'avance. C'est un excellent régime pour l'ouvrier, et, pour l'établissement, la condition d'un fonctionnement mathématique. Au début de chaque semaine, on détermine, à un gramme près, la quantité précise de viande, de pain, de légumes, de charbon qui seront employés chaque jour ; on évite le vol, le gaspillage et toute dépense inutile, et, de plus, comme il n'y a jamais de restes, la nourriture est toujours fraîche et d'excellente qualité. Dans beaucoup d'autres pays, au contraire, où on procède différemment, il y a toujours incertitude sur le nombre des clients qui doivent prendre leurs repas dans la journée, et les restes y sont une cause incessante de perte ou de mauvaise qualité des aliments.

« Pour les usines trop éloignées de la cuisine économique, nous avons des chaudières sur roues qui portent la nourriture au dehors. Les patrons fournissent une salle commune, que notre personnel dispose en salle à manger ; de la sorte les ouvriers n'ont pas à aller manger dans les débits d'eau-de-vie.

« Comme nous l'avons vu, il y a 0 fr. 35 de bénéfices par jour et par tête, soit 350 fr. par jour pour un *ring* de mille associés. Les frais d'établissement sont vite amortis. Aussitôt après, ces bénéfices reviennent à chaque associé au prorata de ses dépenses dans l'année, soit en repas gratuits, dans les jours de chômage, soit en versement à la caisse de retraite, à la banque populaire, ou à quelque autre institution d'épargne et de prévoyance.

M. Demolins demande à M. Smith si ces cuisines économiques, très remarquablement appropriées aux célibataires, n'ont pas pour résultat d'engager les ouvriers mariés à prendre leurs repas en dehors de leurs familles.

M. Smith répond que cette institution a été, en effet, particulièrement faite en vue des célibataires qui ont, plus que les hommes mariés, des tendances au désordre et à l'intempérance ; mais que, néanmoins, elle sert aussi aux ouvriers mariés, mais seulement à ceux qui, travaillant au dehors, ne peuvent en aucun cas prendre à la maison leurs repas du jour, et ne peuvent faire en famille que le souper. Aussi, les cuisines économiques ont-elles des pensions entières ou réduites pour donner satisfaction aux exigences des diverses situations individuelles. Grâce à cette combinaison, elles n'empiètent aucunement sur la vie de famille, très fortement organisée en Suède.

La cuisine économique est le premier et le plus important élément du problème de la vie à bon marché ; mais il est nécessaire de réduire également les autres dépenses de la vie : aussi les « *rings* » constituent-ils une série de petites associations de consommation pour le logement, le vêtement, l'ameublement et les denrées d'alimentation. En attendant qu'ils construisent des maisons ouvrières, ils louent en totalité des maisons à des propriétaires qui consentent des réductions en échange d'une sécurité de payement et de la suppression de toutes non-valeurs. Pour les vêtements, les *rings* achètent en gros la matière première, coton ou laine ; passent des marchés avec des filateurs et des tisseurs, et ont ainsi l'étoffe avec 20 ou 30 p. 100 d'économie. L'achat des denrées alimentaires, café, sucre, etc., est fait également par les *rings*, mais on a voulu éviter l'hostilité des petits commerçants contre les magasins coopératifs qui les ruinent le plus souvent ; au lieu de leur faire la concurrence, on leur offre de prendre les marchandises achetées en gros par les rings au prix coûtant sous la condition de les vendre aux associés avec un très léger bénéfice représentant les frais généraux. De cette manière, fournisseurs et coopérateurs y trouvent leur compte, et la paix n'est pas troublée.

Enfin, cette institution constitue un très puissant et surtout très économique bureau de placement. Les rings de Stockholm sont en rapport avec ceux des autres parties de la Suède, et un échange continuel d'indications se fait entre eux au sujet des demandes de travail et d'emploi. On a réussi ainsi à donner, par exemple, de l'ouvrage dans le nord, à une quantité d'ouvriers du midi de la Suède qui n'avaient pas de travail. C'est un service immense rendu aux ouvriers et même aux patrons, car nous ne patronnons que les ouvriers méritants, et les patrons, en venant chez nous, savent qu'on ne leur donnera que des hommes honnêtes et travailleurs... »

Ce qu'a fait M. Smith n'est qu'une faible partie de ce que nous vous proposons de faire au moyen de l'UNION CHRÉTIENNE DU CAPITAL ET DU TRAVAIL, organisée comme nous le disons ; et cependant ces Rings ont rendu un immense service aux ouvriers, et même aux patrons.

Aider et rapprocher ouvriers et patrons est bien ; mais il y a mieux à faire encore, c'est d'aider et de rapprocher consommateurs et producteurs. Nous sommes tous, plus au moins, l'un et l'autre. C'est donc une œuvre d'union générale que nous venons vous proposer en vous demandant de constituer au plus tôt cette association coopérative.

Une dernière citation pour prouver tout le bien que ferait l'organisation immédiate de l'association coopérative que nous proposons ; même en n'en considérant les heureux effets qu'au point de vue de la consommation.

Nous la prendrons dans l'enquête parlementaire sur l'industrie et le commerce, séance du 17 mars 1884.

Primo : déposition de la Chambre syndicale des facteurs assermentés des halles centrales de Paris :

M. RIVET, syndic :

« A Londres, il y a une quantité de sociétés coopératives de consommation qui suppriment absolument les intermédiaires, et font profiter les ouvriers d'une réduction de prix considérable.

. . . .

Pour le présent, nous avons la possibilité de créer des sociétés coopératives d'alimentation, sans demander aucun sacrifice au pays ; elles rendraient les plus grands services à la classe ouvrière, en supprimant les intermédiaires, c'est-à-dire en achetant directement et en revendant au prix coûtant[1].

M. Bernier, député :

Je crois que les intermédiaires opèrent un prélèvement considérable ; pouvez-vous l'évaluer ?

M. Rivet :

Ce prélèvement varie de 15 A 75 POUR CENT, selon les marchandises, les quartiers où on les transporte, et la classe de la société à laquelle elles sont destinées. »

Alors que par l'intervention de notre société coopérative nous ne réaliserions que le minimum de ce prélèvement, nous aurions déjà rendu un grand service à tous ses coopérants, surtout aux moins aisés, mais aussi aux plus aisés.

Secondo : Voici comment de son côté s'exprime la Chambre syndicale des marchands fruitiers, crémiers, beurre, œufs, poissons et volailles, de la rue J.-J. Rousseau, n° 31, dans sa lettre à M. le Président de la commission d'enquête :

. . . .

« Moins il y aura d'intermédiaires entre le producteur et le consommateur, meilleur marché sera la vie...

« Les arrivages aux halles diminuent, et malgré cela, les revenus de la ville (droit d'abri) augmentent ; preuve que la même marchandise est vendue plusieurs fois.

« Le conseil municipal se réjouit, et il croit que plus il y a de vendeurs, meilleur marché est la marchandise, tandis que c'est l'abondance de la marchandise qui fait le bon

[1] « Au prix coûtant. » C'est impossible, mais à un prix inférieur, à qualité égale, au prix que demande le détaillant auquel s'adresse la généralité des consommateurs, même alors qu'ils paient comptant ; — inférieur de beaucoup, par conséquent, au prix que paient les consommateurs qui achètent à crédit.

marché, et non l'abondance des marchands ; — on oublie que chaque fois que la marchandise change de mains, elle subit une majoration, et que les quelques centimes qui augmentent les revenus de la ville coûtent plusieurs francs à la consommation publique. »

Et qui en souffre le plus ? Bien évidemment les moins aisés ; mais nous en souffrons tous, et tous nous gagnerions à éviter ces nombreux intermédiaires, ce à quoi nous arriverions par la fondation de l'association coopérative :

L'Union du Travail et du Capital que nous préconisons ici.

Donc, assez de paroles et passons aux actes.

PROJET DE STATUTS

DE L'ASSOCIATION COOPÉRATIVE DE CONSOMMATION,
DE PRODUCTION, DE CRÉDIT, DE SECOURS ET D'ENCOURAGEMENT

UNION DU CAPITAL ET DU TRAVAIL

TITRE PREMIER

Constitution et durée de l'Association.

ARTICLE PREMIER.

L'Association coopérative : Union du capital et du travail, est formée entre toutes les personnes qui adhéreront aux présents statuts comme coopérant-fondateur, coopérant-actif, ou coopérant-participant.

ART. 2.

Le coopérant-fondateur concourt à cette association en souscrivant au moins une des cotisations dont il va être parlé.

Le coopérant-actif concourt à cette association en souscrivant au moins une de ces mêmes cotisations, et en donnant son concours à l'administration de l'Union, comme administrateur ou comme surveillant, ou comme professeur ou conférencier, etc.

L'un et l'autre sont de droit coopérants-participants.

Le coopérant-participant prend part à tous les avantages dont parle l'article 7 ci-après, sans être tenu à aucun versement pour former le capital social, et à l'unique condition de s'engager à prendre l'Association comme intermédiaire pour tout ce qu'il veut acheter pour ses besoins personnels, ceux de sa famille, ceux de sa profession ; pour placer les produits de son industrie.

ART. 3.

La durée de cette association est fixée à cinquante années, à partir du jour de sa constitution, qui aura lieu dès que le premier capital social aura été versé en exécution des articles 4 et 5 suivants.

ART. 4.

Le capital social est essentiellement variable, étant subordonné au développement de l'Association, à l'augmentation ou à la diminution de ses membres. Il est provisoirement fixé à 2,000,000 de fr., et divisé en 20,000 cotisations, chacune de 100 francs. Le souscripteur d'une ou de plusieurs de ces cotisations n'est engagé que pour le nombre souscrit ; dans aucun cas il ne peut être obligé à un versement supérieur.

ART. 5.

Le versement de ces cotisations sera effectué moitié le jour même de la constitution de la société ; moitié ultérieurement, si le Conseil d'administration le juge nécessaire.

Lors du premier versement il sera délivré : 1° une quittance à souche rappelant le nom du coopérant, datée et numérotée ; 2° un livret de sociétaire destiné à recevoir la mention sommaire de toutes les opérations faites par lui avec l'Association : acquisitions et ventes.

En outre de la cotisation souscrite, il sera payé pour prix du livret une somme de 5 fr. comme droit d'entrée destiné à l'amortissement des frais généraux des premières années d'exercice.

ART. 6.

Le livret qui dépendra d'une succession ne pourra être mis

qu'au nom d'un seul des héritiers, et seulement si l'Association n'exerce pas le droit de préemption qu'elle se réserve expréssément en pareil cas. En pareil cas aussi l'évaluation en sera faite conformément à l'article 36 ci-après.

Les représentants, ou les créanciers des propriétaires de ces livrets ne pourront, sous aucun prétexte, provoquer l'apposition des scellés sur les biens et valeurs de l'Association, ni en demander le partage ou la licitation; ils seront tenus de s'en rapporter aux inventaires et aux délibérations de l'assemblée générale.

Enfin, en cas de saisie d'un de ces livrets, le droit de préemption est également réservé à l'Association.

Dans tous les cas où l'Association aura à user de son droit de préemption, elle devra faire connaître sa décision dans le mois de la sommation à elle faite par les intéressés.

La transmission à titre onéreux de ces livrets, ne donne droit, pendant la durée sociale, qu'au remboursement des cotisations versées et aux intérêts qui peuvent être dus au moment de la mutation, si l'actif social le permet, et au marc le franc de cet actif en cas d'insuffisance.

TITRE III

But de l'Association.

Art. 7.

Le but de l'Association est d'appeler à elle tous les hommes de bonne volonté, soit comme consommateurs, soit comme producteurs; de faciliter à tous ses membres la vie de famille, le travail individuel, ou par association; le crédit nécessaire au développement de leurs travaux; les secours dont ils peuvent avoir besoin en cas de maladie ou de chômage, ceux qui leur sont nécessaires pour l'éducation de leurs enfants et l'établissement de ces derniers; les conseils dont ils peuvent avoir besoin, pour la direction de leurs intérêts privés.

Des primes d'honneur seront décernées aux coopérants-participants, signalés par leurs pairs comme s'étant distingués par leur assiduité au travail, ou par leur dévouement comme chefs de famille; il pourra aussi en être accordé à leurs enfants pour leur assiduité et leur travail à l'école ou à l'atelier.

ART. 8.

Ils auront droit à tous ces avantages, sans avoir rien à verser pour la formation du capital social; à la seule condition de contracter et d'exécuter, ainsi qu'il est dit dans l'art. 35 ci-après, l'engagement, envers l'Association, de la prendre comme intermédiaire pour tout ce que ledit sociétaire aura à acheter pour ses besoins personnels, ou pour ceux de sa famille; et pour la vente des produits de son industrie, non faits sur commande.

Ces engagements sont contractés pour une année au moins; ils sont constatés sur une liste de souscription par la signature du souscripteur; ou par celles de deux témoins sociétaires, si le souscripteur ne sait signer.

Alors un livret de coopérant-participant lui est délivré, moyennant le droit d'entrée de cinq francs définitivement acquis à l'Association le jour du versement, conformément aux dispositions de l'art. 5 ci-dessus.

Pour être admis coopérant-participant, il suffit de déposer un extrait de son casier judiciaire, délivré dans le mois où la demande d'admission est faite, et d'être accepté par le Conseil de famille dont parle l'art. 11 ci-après.

Dans son intérêt, l'impétrant produira tout document justifiant de son honorabilité; mais pleine liberté lui est laissée à cet égard.

ART. 9.

L'Association est administrée gratuitement par un Conseil de quarante membres actifs au moins, nommés en Assemblée générale pour cinq ans.

Les membres sortants sont rééligibles.

Les administrateur ., ainsi nommés, choisissent parmi eux un Président et trois Vice-Présidents; un Secrétaire et deux Sous-Secrétaires dudit Conseil d'administration.

ART. 10.

Le Conseil d'administration a les pouvoirs les plus étendus pour gérer, en bon père de famille, les intérêts de l'Association.

Pour délibérer valablement il doit compter au moins vingt et un membres présents.

Il a le droit de transiger, recevoir, payer, donner mainlevée; mais il ne peut ni acheter d'immeubles, ni vendre ceux possédés par l'Association sans y être autorisé en Assemblée générale.

Il représente l'Association en justice.

Il nomme les agents et employés divers dont le concours lui est nécessaire pour assurer la bonne gestion des intérêts sociaux.

Il se réunit au siège social aussi souvent que besoin est.

ART. 11.

Les coopérants-participants habitant une même ville, pourront être divisés en groupe, ou quartier; et alors il sera établi pour chacune de ces divisions une Agence dite Agence de quartier, dont le personnel sera déterminé par le Conseil d'administration, suivant les besoins du service.

L'Agent-chef chargé de ce service, aura sous sa direction le personnel y attaché.

Il sera assisté d'un Conseil de famille composé de dix membres au moins; dont moitié sera désignée par le Conseil d'administration; l'autre moitié sera élue par les coopérants-participants, inscrits comme tels depuis deux ans au moins.

Pour les deux premières années de son exercice, la totalité des membres de ce conseil sera nommée par le Conseil d'administration.

Ce conseil est présidé par l'un des administrateurs délégué à cet effet; les membres qui le composent sont nommés pour un an, mais les membres sortants peuvent être maintenus s'ils ont été choisis par le Conseil d'administration, ou réélus s'ils ont été nommés à l'élection.

Art. 12.

Le Conseil de famille est appelé à donner son avis motivé sur l'admission des coopérants-participants de son groupe; et sur toutes les questions qui les intéressent et qui lui sont soumises par le Conseil d'administration.

Art. 13.

Dans chaque agence il sera tenu un registre sur lequel seront inscrites les offres et demandes des sociétaires du groupe. Ces renseignements seront publiés gratuitement dans les revues et journaux de l'Association, et dans les journaux et revues dont les colonnes lui seront ouvertes à cet effet.

Il pourra y être établi une salle de lecture et de conférences à l'usage exclusif des sociétaires et de leur famille.

Il pourra y être établi aussi une salle d'exposition et de vente pour les produits dus aux travaux des sociétaires.

Art. 14.

Pour les produits vendus, il sera prélevé sur le prix réalisé, et au profit de l'Association, une commission de 5 %; — pour les produits non vendus, il sera prélevé un droit d'exposition de 1 fr. par mètre cube occupé et au-dessous, et par quinzaine.

En cas de vente, après plusieurs quinzaines d'exposition, ce droit sera imputé sur les 5 % de commission dont il vient d'être parlé, sans que cette commission puisse être inférieure au droit d'exposition.

Art. 15.

Il sera établi au centre de chaque groupe un magasin de consommation.

En attendant l'installation de ces magasins, il sera pourvu aux besoins des sociétaires par des marchands du quartier, *commandités* ou *choisis* par l'Association.

Les marchandises livrées aux sociétaires seront toujours payées comptant au moyen de bons ou livrets de consommation, délivrés auxdits sociétaires, ainsi qu'il va être expliqué dans l'art. 16 ci-après.

Si ces fournitures sont faites par des marchands choisis par l'Association, elles devront être l'objet d'une remise moyenne de 6 °/ₒ au profit de cette dernière ; les bons ou livrets de consommation à eux remis par les sociétaires seront soldés, sous la réserve de cette remise, les 14 et 29 de chaque mois.

Art. 16.

L'Association délivre les Bons ou Livrets de consommation, dont parle l'art. 15 qui précède, suivant les besoins de chaque sociétaire.

Ces bons ou livrets sont pris par les fournisseurs pour leur valeur nominale ; ils sont remis au sociétaire au comptant, avec escompte de 5 °/ₒ sur leur dite valeur nominale.

Le paiement de cet escompte est fait, à la volonté du sociétaire : soit au moment où il verse le prix de ses bons ou livrets, soit chaque trimestre ; mais dans ce dernier cas le sociétaire doit prendre au moins pour 25 fr. de ces bons par semaine.

Art. 17.

Les bénéfices réalisés par l'Association, après le prélèvement des dépenses, y compris l'intérêt du capital constitué, seront employés comme suit :

1° 25 °/ₒ attribués à une réserve dite d'*Économat*, entièrement consacrée au développement de l'Association ;

2° 75 % attribués à une réserve dite de *Prévoyance*, entièrement consacrée aux coopérants-participants, au mieux de leur intérêt personnel et de l'intérêt de leur famille, en prêts gratuits, en secours, en primes, etc.....

Cependant comme, avant tout, le but de cette Association est de faciliter aux coopérants-participants le travail et la vie de famille, il ne sera payé au capital constitué aucun intérêt, tant que les bénéfices sociaux ne dépasseront pas cent mille francs nets de tous frais d'administration.

TITRE IV

Administration de l'Association.

Art. 18.

L'Association est administrée, comme il est dit art. 9 et 10, par un Conseil d'administration ; celui-ci nomme les agents salariés des diverses catégories dont les principaux sont :

Un secrétaire général de l'Union coopérative du capital et du travail, ayant sous sa direction les employés attachés à son service ;

Un secrétaire du Conseil, chef de bureau au secrétariat général, et deux secrétaires adjoints, ainsi qu'il est dit art. 9 ;

Un caissier central ;

Les agents de quartier et le personnel attaché à leur agence.

Tous ces employés seront choisis parmi les coopérants.

Le caissier central sera tenu de verser dans la caisse sociale un cautionnement de 25,000 fr., soit en espèces, soit en rentes sur l'État, soit en une garantie hypothécaire sur un immeuble libre de 50,000 fr. au moins.

Art. 19.

En outre du Conseil d'administration, l'Assemblée générale nomme un Comité de contrôle, composé au moins de vingt membres, y compris un Président.

Les membres de ce Comité ont qualité pour prendre communication des livres et documents centralisés au secrétariat général, des livres et documents tenus dans chaque agence. Ils ont le droit d'assister aux réunions du Conseil d'administration et aussi à celles des Conseils de famille, mais seulement avec voix consultative. Ils n'ont à donner d'ordres à qui que ce soit ; mais ils font des rapports au Conseil d'administration sur toutes les parties du service qui leur paraissent défectueuses ou incomplètes.

Chaque année, ce Comité rend compte à l'Assemblée générale de ses opérations de contrôle.

Ces opérations font l'objet d'un rapport écrit, communiqué au Conseil d'administration un mois, au moins, avant le jour fixé pour la réunion de l'Assemblée générale.

Art. 20.

Le Conseil d'administration dépose, chaque année, quinze jours au moins avant le jour fixé pour la réunion de l'Assemblée générale :

Un compte-rendu des opérations de la dernière année écoulée ;

La situation active et passive de l'Association.

Tout sociétaire a le droit d'en prendre connaissance au secrétariat, sans déplacement.

Art. 21.

Ainsi qu'il est dit en l'art. 9 qui précède, les administrateurs ne reçoivent aucun traitement ; il en est de même pour les membres du Comité de contrôle ; mais l'Association conserve à sa charge exclusive leurs frais de déplacement, dont le chiffre est fixé chaque année en Assemblée générale, et dont le Conseil d'administration fait la répartition, à raison des opérations confiées à chacun de ces ayants droit.

ART. 22.

L'Association a des Assemblées générales ordinaires et extraordinaires.

L'Assemblée générale ordinaire est convoquée chaque année, pendant le deuxième trimestre qui suit l'exercice écoulé. Elle est composée :

1° Des coopérants actifs ;

2° Des coopérants fondateurs ;

3° Des coopérants, membres d'un des Conseils de famille ; tous ayant voix délibérative ;

4° De tous les autres sociétaires, avec voix consultative.

Ses décisions sont obligatoires pour tous les membres de l'Association, présents ou absents.

ART. 23.

Les convocations sont faites par affiches apposées dans toutes les localités pourvues d'une agence de l'Association, quinze jours avant celui fixé pour la réunion. Cette convocation pourra être insérée dans les journaux publiés par l'Association et dans ceux qui lui ouvriront leurs colonnes.

L'Assemblée générale ne sera valablement constituée que si les membres délibérants représentent au moins le quart du capital pour la constitution de l'Association ; dans le cas contraire, une nouvelle assemblée sera convoquée immédiatement et, quelle que soit la portion du capital qu'elle représente, ses délibérations seront valables.

ART. 24.

L'Assemblée générale appelée à nommer les premiers administrateurs et commissaires de contrôle devra représenter la moitié au moins du capital constitué et appelé ; il en sera de même pour les assemblées extraordinaires qui ont le pouvoir de modifier les statuts.

ART. 25.

Dans toutes les assemblées ordinaires ou extraordinaires,

il sera compté à chaque membre présent, ayant voix délibérative, une voix pour chacune des cotisations par lui représentées, sans qu'il puisse en avoir plus de quatre.

Les Assemblées générales sont présidées de droit par le Président du Conseil d'administration, ou par l'Administrateur qu'il délègue à cet effet ; il est assisté :

1° Par les quatre membres actifs présents, propriétaires du plus grand nombre de cotisations.

2° Par quatre autres membres actifs désignés par le bureau sur la proposition de son Président. Les fonctions de secrétaire sont remplies par le secrétaire général du Conseil d'administration, et, en cas d'empêchement, par l'un des employés attaché à ce secrétariat et désigné par le Président.

L'ordre du jour est arrêté par le Conseil d'administration, qui n'y peut faire figurer que ses propositions ; et celles qui lui sont faites par écrit, dix jours au moins avant celui fixé par la réunion de l'Assemblée ;

Les délibérations de l'Assemblée ne peuvent porter que sur les propositions figurant sur l'ordre du jour.

Art. 26.

L'Assemblée générale annuelle entend : les rapports qui lui sont présentés au nom du Conseil d'administration sur la situation sociale, sur les primes et dots à distribuer ; puis celui qui lui est présenté au nom de la Commission de contrôle.

Elle discute, et, s'il y a lieu, elle approuve les comptes de l'exercice terminé, et en donne décharge au Conseil d'administration.

Art 27.

Les délibérations de l'Assemblée générale sont constatées par des procès-verbaux rédigés sur un registre spécial paraphé par le Président du conseil ; ces procès-verbaux sont signés par tous les membres du bureau.

Une feuille de présence contenant les nom et domicile des membres présents ou représentés à l'assemblée, et ayant voix délibérative, est annexée au procès-verbal, après avoir été vérifiée et certifiée par tous les membres du bureau. Ce même procès-verbal constate le nombre des coopérants présents avec voix simplement consultative.

Les copies et extraits de ces procès-verbaux, régulièrement délivrés aux intéressés, sont signés par le Président du Conseil d'administration en exercice au moment de leur délivrance et signés par le Secrétaire général.

TITRE V

Situations et inventaires.

Art. 28.

L'année sociale commence le 1er janvier et se termine le 31 décembre de chaque année.

Chaque mois, et dans les cinq premiers jours du mois suivant au plus tard, chaque agent dresse un état de situation conforme au modèle arrêté par le Conseil d'administration et l'envoie au Président dudit Conseil avec pièces justificatives.

Reçu lui en est immédiatement délivré.

Dans le même délai une situation de la caisse centrale est établie par le Président du Conseil, ou un administrateur délégué.

Du 15 au 20 de chaque mois le secrétaire général présente au Conseil d'administration la situation générale résultant des situations ci-dessus.

Dès que les magasins généraux de vente et les fabriques de l'Association seront organisés, un compte mensuel sera également fourni, par entrées et sorties, conformément au modèle donné par le Conseil d'administration.

Art. 29.

A la fin de chaque année il est établi un inventaire

général des valeurs actives de l'Association et du passif qui lui reste à solder.

Cet inventaire peut être consulté sans déplacement dans les quinze jours qui précèdent celui fixé pour l'Assemblée générale annuelle, par tel membre de l'Association qui en fait la demande ; il est annexé au rapport fait chaque année à l'Assemblée générale ordinaire par le Président du Conseil.

TITRE VI

Centralisation des fonds de l'Association.

Art. 30.

Tous les mardis de chaque semaine, au moins, les agents sont tenus de verser leurs fonds à la caisse centrale de l'Association, à la seule exception des sommes qu'ils seront autorisés à garder pour les besoins urgents de leur agence.

Tous les jeudis de chaque semaine le caissier central versera les fonds centralisés en ses mains, à la Banque de France, en compte courant.

En province, dans les départements où l'Association n'aura pas un représentant spécial chargé de la centralisation des recettes opérées pour son compte, les agents comptables feront leurs versements hebdomadaires à la succursale de la Banque de France la plus voisine de leur résidence ; ou aux mains de l'administration de l'un des chemins de fer desservant leur localité avec Paris, et que le Conseil d'administration leur désignera.

Art. 31.

Toutes les dépenses sont ordonnancées par le Conseil d'administration, et mandatées par le Président, qui peut déléguer à cet effet le secrétaire général de l'Association.

Chaque mandat fait connaître la date de la délibération

qui autorise la dépense, et dont copie aura été préalablement remise au caissier central sur accusé de réception.

Cette copie sera jointe au mandat par les soins de ce dernier.

ART. 32.

Les sommes encaissées chaque année au profit de la réserve dite : *Économat*, seront employées au développement de l'Association, au mieux des intérêts généraux des coopérants, d'après la proposition du Conseil d'administration après l'approbation de l'Assemblée générale.

Les sommes encaissées par la réserve dite: *de Prévoyance*, seront employées en faveur des coopérants-participants.

Savoir :

1° A faire aux coopérants-participants des prêts avec ou sans intérêt, dans le but de leur favoriser le travail à domicile, ou le travail par association.

2° A payer tout ou partie du loyer des sociétaires-participants qui se trouveraient gênés par suite de maladie, ou de chômage forcé, ou encore à raison du grand nombre de leurs enfants.

3° A distribuer des primes d'encouragement à ceux qui se distinguent par leur assiduité au travail, le talent dont ils font preuve dans l'exercice de leur profession ; par leur dévouement dans l'accomplissement de leurs devoirs de famille. Ces primes consisteraient soit en une somme d'argent, soit dans un avantage fait aux lauréats pour l'instruction et l'éducation de leurs enfants, ou de l'un d'eux.

4° A constituer des dots pour aider l'établissement des enfants nés du légitime mariage d'un sociétaire, soit aussi pour l'établissement, ou le mariage, d'un sociétaire célibataire.

ART. 33.

Les primes et dots seront distribuées chaque année sur la

proposition du Conseil de famille placé près du groupe de quartier.

Ces propositions seront centralisées et classées, suivant les titres des candidats proposés, par le Conseil d'administration, qui en fera son rapport en assemblée générale.

Ce rapport sera définitivement arrêté en Conseil.

Après approbation par l'Assemblée générale, remise sera faite de ces primes et dots par les soins du Conseil d'administration, tant à Paris qu'en province.

ART. 34.

Les prêts personnels, ainsi que les secours, seront demandés par le sociétaire directement au Conseil d'administration; ces demandes pourront être envoyées par la poste, ou par l'entremise de l'agent-chef du groupe auquel appartient le sociétaire qu'elle concerne.

Ces demandes devront être communiquées au Conseil de famille pour avoir son avis; puis elles seront remises à l'agent-chef, tenu de les retourner au secrétariat général, avec son avis personnel.

Le Conseil d'administration pourra communiquer ces demandes et les pièces y jointes, s'il le juge nécessaire, au Comité de contrôle. — Il statuera dans le premier mois de chaque trimestre sur les demandes du dernier trimestre écoulé.

Cependant, en cas d'urgence, les secours pourront être accordés immédiatement, mais toujours après l'avis du Conseil de famille et du chef de l'agence du groupe dont fait partie le demandeur.

TITRE VII

Disposition spéciale aux sociétaires-participants.

ART. 35.

Le titre de coopérant-participant et le droit aux avantages énumérés à l'art. 7, § 1er, sont acquis comme il est dit art. 8 ci-dessus, du jour de l'admission dans l'Association.

Le droit de participer aux avantages énumérés à l'art. 7, § 2, n'est acquis qu'après une année de participation. Ces titres et ces droits se perdent par la cessation volontaire, pendant six mois, de relations avec l'Association. Ils peuvent être retirés, le Conseil de famille entendu, en cas de condamnation en police correctionnelle.

Le coopérant-participant qui sort de l'Association, n'importe pour quelle cause, n'a droit qu'au remboursement des bénéfices par lui procurés à l'Association, soit par ses acquisitions, soit par ses ventes, pendant l'année de sa sortie et pendant l'année précédente.

ART. 36.

En cas de décès d'un sociétaire, sous la réserve de préemption faite au profit de l'Association, un seul de ses héritiers succède aux droits du défunt.

Si, en pareil cas, l'Association croit devoir user de son droit de préemption, la valeur de la part sociale du défunt sera déterminée suivant la situation sociale, depuis le dernier inventaire. Le montant en sera remis à qui de droit dans les six mois du décès.

ART. 37.

Tous pouvoirs sont donnés au secrétaire de l'Association pour faire des présentes toutes publications et tous dépôts voulus par la loi.

ART. 38.

En cas de dissolution de la Société, la liquidation et le partage en seront faits par les soins du Conseil d'administration, si la dissolution est amiablement convertie en assemblée générale extraordinaire ; dans le cas contraire, le liquidateur sera nommé en justice.

MINIMUM DES RÉSULTATS PROBABLES

DE LA PREMIÈRE ANNÉE D'EXISTENCE DE L'ASSOCIATION

Soit dans Paris une Agence par arrondissement, et un capital social de 2,000,000 [1], dont moitié seulement serait appelée, soit : 20,000 cotisations de 100 fr. libérées de moitié, ci . . . . Fr. 1,000,000

Intérêt maximum, 5 0/0, ci. 50,000

mais porté ici, pour la première année, comme. . . . . Mémoire.

Frais généraux.

Primo. — ADMINISTRATION CENTRALE.

Loyer.	Fr. 10,000	
Éclairage et chauffage. . . .	3,000	
Personnel payé [2]	46,000	
Frais de bureau, imprimés, publicité	10,000	
Impôts	6,000	
Articles imprévus	15,000	
		Fr. 90,000 »

[1] Simple mesure pour assurer à l'Association *le crédit* dont elle aura besoin pour opérer au mieux des intérêts des coopérants. Nous voudrions 20,000,000 de fr. et *alors l'Œuvre pourrait se charger d'entretenir toutes les écoles primaires libres et d'en fonder de nouvelles.*

[2]

1 secrétaire général	Fr.	4,000 »
1 caissier central.		6,000 »
L'un et l'autre logés.		
6 commis		20,000 »
6 garçons de service		12,000 »
Auxiliaires		4,000 »
Total.	Fr.	46,000 »

Report. . 90,000 »

Secundo. — Agences (dépenses moyennes).

1 agent-chef, logé	Fr. 3,000	
1 sous-agent.	2,400	
1 employé.	2,000	
1 garçon de salle, logé . . .	1,200	
Loyer et impôts	3,000	
Éclairage et chauffage . . .	1,000	
Mobilier de l'Agence	1,400	
Total de la dépense moyenne par Agence	14,000	
Soit, pour 20 agences, à		280,000 »
Dépense totale pour la première année . .		Fr. 370,000 »

soit, en chiffre rond : 400,000 fr.

Recettes présumées de la première année.

Les recettes auraient pour causes :

1° Le crédit, embrassant le prêt, l'escompte, le recouvrement, et autres opérations de banque; soit, pour la 1re année, un bénéfice net égal au revenu à 5 °/o du capital social. 50,000, mais porté ici pour. . . . . . Mémoire.

2° Le courtage pour vente des produits du travail des sociétaires. Pour la 1re année fr. . . . . . . Mémoire.

3° La vente des objets de consommation pour une moyenne, par agence, de 1,500 sociétaires [1] de toutes conditions, à raison de 30 fr. par semaine et par sociétaire ; soit pour 52 semaines, ou une année (30 × 52) = 1,560 fr. par sociétaire, soit par agence (1,560 × 1,500) = 2,340,000) fr.

[1] Soit pour Paris (1,500 × 20) une moyenne de 30,000 sociétaires des trois catégories : fondateurs, actifs, participants. — Ce serait un bien modeste résultat !..... si l'affaire est conduite comme elle le mérite.

pour l'année; soit pour les 20 agences (2,340,000 × 20) = 46,800,000 fr. pour l'année. Dont le 1 °/₀ pour la Société (— *Minimum* des bénéfices sur ce genre d'opérations qui, confiées à des fournisseurs commandités, donneraient en moyenne 6 °/₀ du capital engagé; soit un bénéfice de 2,808,000 fr., tout en traitant largement les commandités.—) serait de. . . . . Fr. 468,000 »

Report de la dépense y compris l'achat du mobilier. . . . . 400,000 »

Excédant de la recette sur la dépense. Fr. 68,000 »

(Tout le mobilier se trouvant amorti dès la 1re année.)

Nous estimons donc que sans sacrifice pour personne, et seulement avec un peu de bonne volonté, les recettes ci-dessus sont certaines et que les dépenses, au début, pourraient être diminuées. Tout dépendrait du dévouement apporté par les sociétaires actifs.

Le mal qu'il s'agit de vaincre est très grand; le remède que nous proposons serait grand aussi comme résultat, et il est bien évident qu'il peut être appliqué sans beaucoup de sacrifices, même de la part des plus dévoués.

PARIS. IMP. DE L'ŒUVRE DE SAINT-PAUL
L. PHILIPONA, 51, RUE DE LILLE

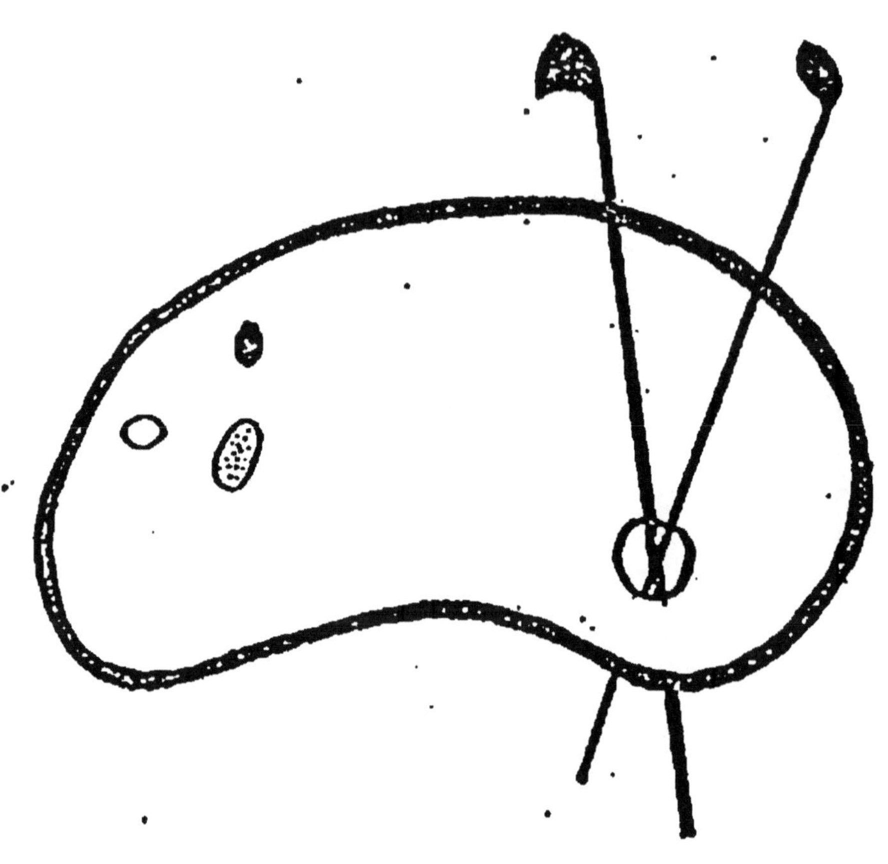

www.ingramcontent.com/pod-product-compliance
Lightning Source LLC
LaVergne TN
LVHW020448230826
846091LV00004B/1592

* 9 7 8 2 0 1 6 1 6 3 1 9 1 *